TRY！ トライ

JLPT N4

일본어
능력시험

초급2 문법으로 입 트이는

저자 ABK(公益財団法人 アジア学生文化協会)

S 시원스쿨닷컴

はじめに　머리말

この本は、日本語能力試験のN4に対応した文法の問題集で、ABK（公益財団法人 アジア学生文化協会）の30年の日本語教育の経験を生かして、学内で使いながら作られたものです。日本語を勉強している皆さんが、文法をきちんと整理して、日本語が上手に使えるようになることを願って作りました。

文法は「聞く・話す・読む・書く」の基礎になるものです。この本では次のプロセスで勉強が進められるように工夫しました。

1．実際のコミュニケーションの中でその文法がどのように使われているかを知る。

2．基本的な練習で使い慣れる。

3．まとめの問題で話を聞いたり日本語の文章を読んだりする運用練習をする。

まとめの問題は日本語能力試験の出題形式に合わせてありますので、試験を受ける皆さんは、この本1冊で文法対策と読解、聴解の試験の練習ができるようになっています。

この本の「TRY!」という名前には、気軽にやってみようという意味と、ラグビーのトライのようにがんばったことが得点につながるという意味を込めました。皆さんがこの本で勉強して、日本語能力試験N4に合格し、さらに日本語を使って楽しく自己表現ができるようになりますよう、お祈りしています。

このシリーズはN5〜N1まで、各レベルに合わせて5冊の本があります。この本が終わったら、ぜひ次のレベルに進んで、レベルアップを目指してください。

본 도서는 일본어능력시험 JLPT N4 수준의 문법 교재로, ABK (공익재단법인 아시아학생문화협회)의 30년 간의 일본어 교육 경험을 바탕으로 교내에서 직접 사용해가며 제작한 책입니다. 일본어를 공부하고 있는 여러분들이 문법을 확실히 이해하고 일본어를 능숙하게 구사할 수 있게 되길 바라며 만들었습니다.

문법은 '듣기, 말하기, 읽기, 쓰기' 이 네 가지 파트가 기본 요소입니다. 본 책에서는 다음과 같은 순서로 학습이 이루어질 수 있도록 하였습니다.

1. 실제 커뮤니케이션 상황 속 문법이 어떠한 방식으로 사용되고 있는지 이해한다.

2. 기본적인 연습 과정을 거치며 문법 사용에 점차 익숙해진다.

3. 총정리 문제를 통해 대화를 듣거나 일본어 문장을 읽는 실전 연습을 한다.

총정리 문제는 일본어능력시험의 출제 형식에 따른 것으로, 시험을 치르는 여러분들이 본 도서만으로 문법, 독해, 청해 모든 파트를 대비할 수 있도록 하였습니다.

본 도서 「TRY!」의 명칭은 '가볍게 해 보자!'라는 의미로, 럭비 경기의 트라이(Try)처럼 최선을 다하면 좋은 결과로 이어진다는 의미를 담고 있습니다. 여러분이 이 책을 통해 JLPT N4에 합격하고, 나아가 일본어로 즐겁게 의사표현할 수 있기를 바랍니다.

본 도서의 시리즈는 총 5권으로 N5부터 N1까지 각 레벨에 맞춰 구성되어 있습니다. 이 책을 마치고 나면 꼭 다음 레벨의 책으로 넘어가 더욱 실력을 향상시켜 보세요.

2022年1月　著者一同
2022년 1월 저자 일동

この本をお使いになるみなさんへ
이 책을 사용하시는 여러분께

この本は、本冊、別冊「答え・スクリプト」と MP3 があります。

본 도서는 본책, 별책, 정답&스크립트, MP3로 구성되어 있습니다.

1. 本冊　본책

全部で 11 章に分かれています。1 章「あいさつの言葉」では、日常生活でよく使われるあいさつの言葉を集めてあります。11 章「便利な言葉」では、助詞や副詞、指示語などの基本的な使い方がわかります。2 章から 10 章は次のような構成になっています。さらに、最後に 1 回分の模擬試験があります。

본 도서는 총 11장으로 나뉘어 있습니다. 1장 '인사말'에는 일상생활에서 자주 쓰이는 인사말을 모아두었습니다. 11장 '유용한 어휘'에서는 조사나 부사, 지시어 등의 기본적인 사용법을 알 수 있습니다. 2장부터 10장까진 하단과 같이 구성되어 있습니다. 마지막으로 모의고사 1회분이 수록되어 있습니다.

各章の構成　각 장의 구성

1）できること　학습 목표

その章を学習すると、何ができるようになるかが書いてあります。

각 장을 학습하고 나면 무엇을 할 수 있는지에 대해 알 수 있습니다.

2）見本文　본문

その章で勉強する文法項目が、実際にどのように使われているかわかるようになっています。1 つの章は（1）（2）に分かれていて、（1）（2）の見本文はストーリーがつながっています。勉強する文法項目は、すぐわかるように太字で書いてあります。

각 장에서 학습하는 핵심 문법이 실제로 어떻게 활용되는지에 대해 알 수 있습니다. 한 과가 (1), (2)로 나누어져 있는 경우가 있으며, 두 과에서 다루는 본문의 내용은 서로 연결되어 있습니다. 학습하는 핵심 문법은 한눈에 알아볼 수 있도록 굵은 글씨로 표기했습니다.

3）文法項目　핵심 문법

その章で勉強する項目を順番に並べてあります。探すときに便利なように、2 章から 10 章まで通し番号になっています。それぞれの中には、使い方、接続、例文、補足説明、練習問題などがあります（くわしい内容は ☞ p.6）。

각 장에서 학습하는 핵심 문법을 순서대로 정렬했습니다. 2장에서 10장까지 연결되는 번호를 매겨 원하는 파트를 쉽게 찾아볼 수 있습니다. 각 핵심 문법에는 사용법, 접속 형태, 예문, 보충 설명, 연습문제 등이 포함되어 있습니다. (상세 내용 참조 ☞ P. 6)

4) まとめの問題　총정리 문제

その章で勉強した文法を中心にした、文法、読解、聴解の問題です。日本語能力試験の出題形式に合わせた形になっていますから、文法項目の再確認をしながら、試験対策ができます。

각 장에서 학습한 문법을 중심으로 구성한 문법, 독해, 청해 문제입니다. 일본어능력시험의 출제 형식을 따랐으며, 학습한 문법 항목들을 재확인해가는 과정을 통해 실제 시험에 대비할 수 있습니다.

2.　別冊　별책

1) やってみよう！　정답
2) まとめの問題　정답 & 스크립트
3) 模擬試験　정답 & 스크립트
4) 模擬試験　해답 용지

3.　MP3

「見本文」と、「まとめの問題」「模擬試験」の聴解問題の音声

본문, 총정리 문제, 모의고사 청해 파트 음성

※ 시원스쿨 홈페이지(japan.siwonschool.com)의 수강신청 탭 ➡ 교재/MP3에서 다운로드하실 수 있습니다.

4.　語彙リスト　어휘 리스트

本冊で使われている言葉の「語彙リスト」があります。ダウンロードして使ってください。

본 책에서 쓰인 어휘를 모아둔 '어휘 리스트'가 있습니다. 다운로드하여 학습에 활용해 주세요.

※ 시원스쿨 홈페이지(japan.siwonschool.com)의 수강신청 탭 ➡ 교재/MP3에서 다운로드하실 수 있습니다.

文法項目の中にあるもの 핵심 문법의 구성

1.  どう使う?

1) 문법 설명

각 문법의 쓰임과 활용에 대해 알 수 있습니다. 무엇을 전달할 때 쓰는지, 어떠한 뉘앙스가 담긴 표현인지 알 수 있습니다.

2) 접속 형태 설명

접속하는 품사의 형태를 기호로 나타냈습니다.

예: **N** + で

동사 등의 활용형을 볼 수 있는 표가 있습니다.

접속 시 유의해야 할 사항을 표시해 두었습니다.

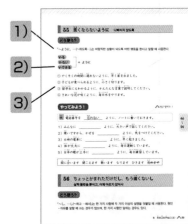

3) 예문

①, ②와 같이 번호가 매겨져 있습니다. 예문은 일상생활에서 자주 쓰이는 것으로 선정했습니다.
또한, 보다 쉽게 이해할 수 있도록 일부 예문에 일러스트를 추가했습니다.

2. やってみよう!

핵심 문법을 확인할 수 있는 연습 문제입니다.

どう使う? 와 예문에서 배운 것을 잘 활용할 수 있는지 실제 문제를 풀며 체크해 보세요.

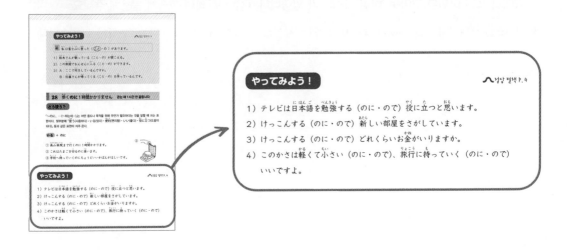

6

3. 학습 Tip

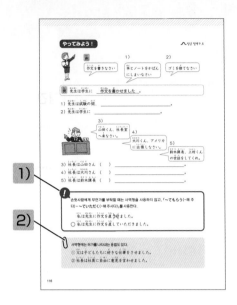

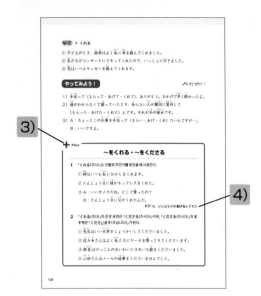

1) 주의 사항

문법 활용 시 주의 사항이 표기되어 있습니다.

2) 추가 설명

다른 문형과의 차이점이나 추가 설명이 덧붙여져 있습니다.

3) 비슷한 문형

 Plus

비슷한 문형이나 함께 알아 둘 필요가 있는 문형이 표기되어 있습니다.

4) 관련 문형

☞

연관된 핵심 문법의 번호를 표시한 기호입니다.

〜 品詞と活用形のマーク 품사와 활용형 기호

1) 품사

명사	**N**	えんぴつ、日本語、病気
い형용사	**いA**	大きい、小さい、おいしい
な형용사	**なA**	元気、便利、しずか
동사	**V**	行く、食べる、勉強する

2) 동사의 활용형

ます형	**V-ます**	行きます
사전형	**V-る**	行く
て형	**V-て**	行って
た형	**V-た**	行った
ない형	**V-ない**	行かない
동사의 보통형	**V-PI**	行く・行かない・行った・行かなかった
가능형	**V-できる**	行ける
수동형	**V-られる**	行かれる
사역형	**V-させる**	行かせる
의지형	**V-よう**	行こう
가정형	**V-ば**	行けば
명령형	**V-しろ**	行け

3) 보통형 · 정중형

PI 보통형(반말체)

동사	行く 行かない 行った 行かなかった	い형용사	大きい 大きくない 大きかった 大きくなかった
な형용사	元気だ 元気じゃない／元気ではない 元気だった 元気じゃなかった ／元気ではなかった	명사	病気だ 病気じゃない／病気ではない 病気だった 病気じゃなかった ／病気ではなかった

Po 정중형

동사	行きます 行きません 行きました 行きませんでした	い형용사	大きいです 大きくないです／大きくありません 大きかったです 大きくなかったです ／大きくありませんでした
な형용사	元気です 元気じゃないです * ／元気じゃありません * 元気でした 元気じゃなかったです * ／元気じゃありませんでした *	명사	病気です 病気じゃないです * ／病気じゃありません * 病気でした 病気じゃなかったです * ／病気じゃありませんでした *

接続の示し方 접속 형태 표시

각 문법의 접속 형태는 다음과 같이 표기되어 있습니다.

예)

V-て + ください	食べて ください
V-ます + たい	会いたい
V-ない + ないで ください	行かないで ください
いA く	大きく
なA な	しずかな
なA なに	しずかに
PI + んです [**なA** なに **N** だな]	行くんです　　　　　　行かないんです 行ったんです　　　　　行かなかったんです 大きいんです　　　　　大きくないんです 大きかったんです　　　大きくなかったんです 元気なんです　　　　　元気じゃないんです * 元気だったんです　　　元気じゃなかったんです * 病気なんです　　　　　病気じゃないんです * 病気だったんです　　　病気じゃなかったんです *
PI + ら [과거형만 접속 가능]	行ったら　　　　　　　行かなかったら 大きかったら　　　　　大きくなかったら 元気だったら　　　　　元気じゃなかったら * 病気だったら　　　　　病気じゃなかったら *

* な형용사·명사의 「じゃ」는 「では」로도 사용한다.

この本をお使いになる先生方へ
이 책을 활용하시는 선생님께

この本をお使いくださり、ありがとうございます。本書の目指すところは、日常生活の様々な場面で、具体的に日本語がどのように使われているかを目で見て、感じて、それを踏まえて文法を学ぶことです。それによって、会話やスピーチ、読解の中で使われている文法項目に自然になじみ、日本語能力試験への対応も、スムーズに進むと思います。さらに発話や作文などの自己表現にも応用できるようになると信じています。

近年、インターネットの普及に伴って、海外の学習者も生の日本語に直に触れる機会が増え、自然な日本語の習得に一役買っていることは確かです。運用を重視するという日本語教育の流れの中で、文法の位置づけも変わってきているように思います。

しかし、特に初級段階において、基礎の枠組みとしての文法をきちんと把握することは、その後の日本語の運用にとって非常に重要です。また、この段階から相手との位置関係、使用場面にふさわしい日本語を意識することもとても大切だと考えます。

以上の点から、本書の見本文では下の表のような多様な場面を設定しました。初級の文章の制限もありますが、できるかぎり自然な言葉を使うようにしています。

章	タイトル	場面
1	あいさつの言葉	あいさつをする
2	おかし作り	身近な人と話す
3	けっこん式	身近な人と自分の国の習慣について話す
4	私の町ハノイ	スピーチで自分の国について紹介する
5	ハイキングの計画	身近な人を誘って、その話題で話す
6	木の上の子ねこ	友だちと困ったことについて話す
7	大好きなピアノ	身近な人と趣味や習い事について話す
8	旅館のよやく	予約の電話をかけ、希望を言う
9	ゆうしょうインタビュー	インタビューで受け答えをする
10	アルバイトのめんせつ	アルバイトの面接を受ける

本校での実践の中でも見本文の効果は大きく、ことさら説明をしなくても、イメージで感じ取ってもらえると言われています。本書を使ってご指導される先生方にも、ぜひ学習者の方とともに見本文のストーリーを感じていただきたく存じます。

本書につきまして、何かご意見などございましたら、どうぞお寄せくださいますよう、お願い申し上げます。

この本に出てくる人
이 책의 등장인물

キム：会社員
회사원

高橋：会社員
회사원

タン：会社員
회사원

佐藤：大学生
대학생

鈴木：大学生
대학생

スミス：大学生
대학생

山田：主婦
주부

もくじ 목차

1 あいさつの言葉　　인사말

2 おかし作り（1）　　과자 만들기 (1)

2 おかし作り（2）　　과자 만들기 (2)

3 けっこん式（1）　　결혼식 (1)

3 けっこん式（2）　　결혼식 (2)

별책

정답 & 스크립트
해답 용지

1 あいさつの言葉
인사말

できること

● 기본적인 인사나 일반적인 표현을 말할 수 있다.
● 인사를 받았을 때 그에 맞는 응답을 할 수 있다.

본문 해석 보기

정답 별책 P.1

やってみよう！

この もんだいでは、えなどが ありません。まず ぶんを 聞いて ください。それから、その へんじを 聞いて、1から3の 中から、いちばん いい ものを 一つ えらんで ください。

1） 1　2　3 ◀)) 06

2） 1　2　3 ◀)) 07

3） 1　2　3 ◀)) 08

4） 1　2　3 ◀)) 09

2 おかし作り (1)
과자 만들기 (1)

본문 해석 보기

できること

● 직접 만든 것을 상대방에게 공손하게 권유할 수 있다.

🔊 10

キム：高橋さん。これ、ちょっと食べて**みて**ください。

高橋：わあ、おいし**そうですね**。キムさんが作った**んですか**。

キム：はい。料理教室で作り**方**を習った**ので**、作ってみました。

高橋：へえ、すごいですね。こんなケーキを作る**ことができる**んですか。

キム：でも、はじめて作ったので、おいしい**かどうか**…。

---

1 食べてみてください   먹어 보세요

どう使う?

「〜てみる(〜해 보다)」는 어떤 것이 괜찮을지 한번 시도해 볼 때 쓰는 표현이다.

V-て + みる

① A：あのレストランのカレー、おいしいですよ。

  B：そうですか。じゃ、今度食べてみます。

② このくつ、軽くてとてもいいですよ。ちょっとはいてみてください。

③ このゲーム、やってみませんか。

例 日本の旅館に（　とまって　）みたいです。

1）おんせんに（　　　　　　　　）みたいです。

2）スキーを（　　　　　　　　）みたいです。

3）雪まつりを（　　　　　　　　）みたいです。

4）着物を（　　　　　　　　）みたいです。

5）日本のお酒を（　　　　　　　　）みたいです。

2　おいしそうですね　맛있어 보이네요

どう使う？

「～そうだ（～일 것 같다）」는 어떤 것을 보고 느껴지는 모습이나 상태를 말할 때 쓰는 표현이다.

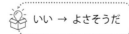

いA <del>い</del>
なA 　　　＋ そうだ　　　　いい → よさそうだ

① 外は、寒そうです。

② 明日は天気がよさそうです。

③ きのう高校のときの友だちに会いましたが、とても元気そうでした。

やってみよう！

例

1)

2)

大下　　　　　小山

3)

例　このケーキは ___おいし___ そうです。

1) この車は _____ そうです。

　 この車は _____ そうです。

2) 大下さんは _____ そうです。

　 小山さんは _____ そうです。

3) 山田さんのお母さんは _____ そうです。

　 お父さんは _____ そうです。

安い　きびしい　忙しい　高い　やさしい　ひま　~~おいしい~~

! 「～そうだ(~일 것 같다)」의 경우, 명사에는 붙지 않는다.

あの人は先生~~そう~~です。

「**V-ます**＋そうだ(~할 것 같다)」의 형태도 있다.

① 大山さんはお金がありそうです。

② 高田さんはお酒がたくさん飲めそうです。

☞ 37. 疲れそうです

51. おちそうだった

81. いんたいされるそうです

3 作ったんですか 직접 만든 거예요?

どう使う？

「~んです(~한 것입니다)」는 상대방에게 상황 설명을 듣고 싶을 때, 혹은 자신의 상황을 말하고자 할 때 쓰는 표현이다. 이유를 말할 때에도 쓴다.

PI ＋ んです

[**なA** だな **N** だな]

① A：どうしたんですか。

　B：ちょっと気分が悪いんです。

② A：あれ、山田さん、今日仕事は？

　B：今日は休みなんです。

③ A：そのシャツ、きれいですね。どこで買ったんですか。

　B：駅前のデパートです。

やってみよう！

정답 별책 P.1

> 例　A：きのう、どうして来なかったんですか。
>
> 　　B：すみません。ねつが ___あった___ んです。

1) A：山田さんは歌わないんですか。

　山田：ええ、歌が ＿＿＿＿＿＿＿＿＿ んです。

2) A：パーティーの申込書、どこに ＿＿＿＿＿＿＿＿＿ んですか。

　B：私も知らないんです。事務所で聞きましょう。

3) A：どうしたんですか。

　　B：歯_はが ＿＿＿＿＿＿＿＿ んです。

4) A：先生_{せんせい}、この問題_{もんだい}が ＿＿＿＿＿＿＿＿ んです。

　　B：じゃ、もう一度説明_{いちどせつめい}しますね。

わかります	痛_{いた}いです	下手_{へた}です	~~あります~~	出_だします

---

4 作_{つく}り方_{かた}　만드는 법

どう使う？

「〜方_{かた}」는 '〜하는 방법'이라는 뜻으로 쓰는 표현이다.

V-ます + 方_{かた}

① この料理_{りょうり}の作_{つく}り方_{かた}を教_{おし}えてください。

② この漢字_{かんじ}の読_よみ方_{かた}がわかりますか。

やってみよう！

정답 별책 P.1

例　このくだものの ＿＿食_たべ方_{かた}＿＿ を教_{おし}えてください。

---

1) 日本_{にほん}の着物_{きもの}の ＿＿＿＿＿＿＿＿ がわかりません。

2) 新_{あたら}しいコンピューターの ＿＿＿＿＿＿＿＿ を習_{なら}いました。

3) あなたはこのゲームの ＿＿＿＿＿＿＿＿ を知_しっていますか。

4) これは上手_{じょうず}な ＿＿＿＿＿＿＿＿ の本_{ほん}です。スピーチの前_{まえ}に読_よんでください。

食_たべます	使_{つか}います	着_きます	話_{はな}します	あそびます

---

5 作り方を習った**ので** 만드는 법을 배워서

どう使う？

「～ので(～이라서, ～이므로)」는 「～から(～이니까)」와 마찬가지로 원인이나 이유를 말할 때 쓴다.

PI ＋ ので

[**なA** だな　**N** だな]

① 今日は雨が降っているので、ちょっと寒いです。
② 東京の地下鉄は便利なので、地下鉄でいろいろなところへ行きます。
③ バスが来なかったので、タクシーで行きました。
④ 今日は休みなので、動物園へ行きます。

やってみよう！

〜정답 별책 P.1

例 ニュースを ＿＿見なかった＿＿ ので、その事故を知りませんでした。

1）兄は映画が ＿＿＿＿＿＿＿＿ ので、よく見に行きます。
2）今日は ＿＿＿＿＿＿＿＿ ので、学校は休みです。
3）パソコンが ＿＿＿＿＿＿＿＿ ので、新しいのを買いました。
4）私の家は駅から ＿＿＿＿＿＿＿＿ ので、不便です。

| 見ます　日曜日です　好きです　遠いです　こわれます |

！

「ので(～이라서, ～이므로)」는 「から(～이니까)」보다 정중한 표현으로, 개인적인 이유
를 말할 때나 사과를 할 때 자주 쓰인다.

① すみません。ねつがあるので、早く帰って寝ます。
② この会社のことをよく知らないので、いろいろ教えてください。

6 作る<ruby>作<rt>つく</rt></ruby>ることができる　만들 수 있다

どう使う？

「〜ができる(〜를 할 수 있다)」는 무언가를 할 만한 능력이 있거나 어떤 장소에서 특정 행동이 허가된 경우 등에 쓴다.

V-る ＋ こと
N ＋ ができる

① <ruby>私<rt>わたし</rt></ruby>はギターをひくことができます。
② <ruby>田中<rt>たなか</rt></ruby>さんはフランス<ruby>語<rt>ご</rt></ruby>ができます。
③ <ruby>美術館<rt>びじゅつかん</rt></ruby>では<ruby>写真<rt>しゃしん</rt></ruby>を<ruby>撮<rt>と</rt></ruby>ることができません。
④ インターネットでホテルのよやくができます。

やってみよう！

정답 별책 p.2

> <ruby>例<rt>れい</rt></ruby>　<ruby>私<rt>わたし</rt></ruby>は　　__すしを<ruby>作<rt>つく</rt></ruby>ることができます__　。

1) <ruby>私<rt>わたし</rt></ruby>は _____。
2) この<ruby>川<rt>かわ</rt></ruby>は<ruby>危<rt>あぶ</rt></ruby>ないので、_____。
3) <ruby>私<rt>わたし</rt></ruby>はパソコンを _____。
4) この<ruby>映画館<rt>えいがかん</rt></ruby>では、<ruby>水曜日<rt>すいようび</rt></ruby>は _____。

「 **N** ＋ができる」는 '완성하다'라는 의미로도 쓰인다.

① 駅のそばにスーパーができました。

② Ａ：先週の出張のレポート、まだできないんですか。

　　Ｂ：すみません。もうすぐできると思います。

7　おいしいかどうか　맛있는지 어떤지

どう使う？

「〜かどうか（〜인지 어떤지）」는 '할지 말지・그런지 그렇지 않은지'와 같은 의미로 말할 때 쓰는 표현이다. 문형 뒤엔「知っている（알고 있다）・言う（말하다）・聞く（듣다）・わからない（모르다）・〜てみる（〜해 보다）」등의 표현이 자주 쓰인다.

PI ＋ かどうか

[**なA** だ　　**N** だ]

① 明日パーティーがあるかどうか、知ってい ますか。

② テストを出す前に、まちがいがないかどうか、よく見てください。

③ 田中さんの話は本当かどうか、わかりません。

やってみよう！

정답 별책 P. 2

例　いい部屋が ___ある___ かどうか、インターネットでさがしてみます。

1）あの図書館、日曜日が _____ かどうか、知っていますか。

2）あのレストランは _____ かどうか、わかりません。

3）この仕事、明日までに _____ かどうかわかりませんが、やってみましょう。

4）明日いっしょにカラオケに _____ かどうか、友だちに電話して聞いてみます。

~~あります~~　　おいしいです　　行きます　　休みです　　できます

2 おかし作（づく）り (2)

과자 만들기 (2)

본문 해석 보기

できること

● 직접 만든 것에 대해 상대방에게 설명할 수 있다.

🔊 11

高橋（たかはし）：じゃあ、いただきます。

キム：あ、このフルーツソースをかけ**て**、
　　　食（た）べてください。

高橋（たかはし）：はい。…ああ、おいしい！

キム：そうですか。よかった。このソース
　　　はフルーツのかわをむか**ないで**、全（ぜん）
　　　部（ぶ）使（つか）っているんです。

高橋（たかはし）：そうなんですか。ごちそうさまでした！

キム：え？　もう全部食（ぜんぶた）べ**てしまった**んですか。

高橋（たかはし）：ええ。本当（ほんとう）においしかったです。私（わたし）も作（つく）りたいなあ。

キム：じゃあ、今度時間（こんどじかん）があっ**たら**、いっしょに作（つく）りましょう。
　　　かんたんに作（つく）**れ**ますよ。

8　このフルーツソースをかけて　이 과일 소스를 뿌려서

どう使う？

「～て（～하고）」는「かさをさして歩（ある）く（우산을 쓰고 걷다）」와 같이 앞의 상태 그대로 다음 행동을 할 때 사용한다. 「書（か）いて覚（おぼ）える（쓰면서 외우다）」처럼 수단이나 방법을 나타낼 때에도 쓰인다.

V-て + V

① シートベルトをして運転してください。

② 暑かったのでまどを開けて寝ました。

③ 下の絵を見て答えてください。

④ この絵は色えんぴつを使ってかきました。

やってみよう！

정답 별책 P. 2

| 例  | 1)  | 2)  | 3)  | 4) |

例　雨の日は（　かさをさして　）学校へ行きます。

1）暑い日は（　　　　　　　　）学校へ行きます。

2）寒い日は（　　　　　　　　）学校へ行きます。

3）（　　　　　　　　）ハイキングに行きます。

4）（　　　　　　　　）パーティーに行きます。

9　かわをむかないで　껍질을 벗기지 않고

どう使う？

「～ないで(～하지 않고)」는 「かさをささないで歩く(우산을 쓰지 않고 걷다)」와 같이 어떤 행동을 하지 않은 상태 그대로 다음 동작을 할 때 사용한다. 「書かないで覚える(쓰지 않고 외우다)」처럼 수단이나 방법을 나타낼 때에도 쓰인다.

V-ない + で + V

① 時間がなかったので、朝ご飯を食べないで、学校へ行きました。

② さいふを持たないで、出かけました。

③ 辞書を使わないで、作文を書きます。

やってみよう！

정답 별책 P. 2

例 明日試験があるので、（ 寝ないで ）勉強します。

1) さとうを（　　　　　　　　）、コーヒーを飲みます。

2) かさを（　　　　　　　　）歩いている人がいます。

3) 疲れたので、シャワーを（　　　　　　　）、寝ました。

4) テキストを（　　　　　　）、答えを書いてください。

10　全部食べてしまった　전부 먹어 버렸어

どう使う？

「〜てしまう(〜해 버리다)」는 다소 시간이 걸리는 일을 전부・빨리・완전히 끝냈다는 것을 강조할 때 쓰는 표현이다.

V-て ＋ しまう

① 今日の宿題はもう全部やってしまいました。

② A：本、ありがとうございました。とてもおもしろかったです。

　 B：え？　もう読んでしまったんですか。

③ このイラストは5時までにかいてしまいたいと思っています。

やってみよう！

정답 별책 P. 2

例	冷蔵庫のジュースは全部 ＿＿＿飲んで＿＿＿ しまいました。

1）この仕事は昼休みまでに ＿＿＿＿＿＿＿＿ しまいたいと思います。

2）見学のレポートはきのう ＿＿＿＿＿＿＿ しまいました。

3）料理の材料や飲み物は、このスーパーで全部 ＿＿＿＿＿＿＿

　　しまいましょう。

4）雨が降る前に、犬の散歩に ＿＿＿＿＿＿＿ しまいましょう。

やります　　行きます　　買います　　書きます　　飲みます

11 時間があったら　시간이 있다면

どう使う？

「〜たら、…(〜라면…)」는 '만약 〜의 경우에는'이라고 말할 때 쓰는 표현이다.

PI ＋ ら

[과거형만 접속 가능]

동사	行く ある	行ったら あったら	行かなかったら なかったら
い형용사	おいしい いい	おいしかったら ＊よかったら	おいしくなかったら ＊よくなかったら
な형용사	元気だ	元気だったら	元気じゃなかったら
명사	雨だ	雨だったら	雨じゃなかったら

① もし1000万円あったら、世界旅行をします。

② お金がなかったら、困ります。

③ 明日天気がよかったら、ハイキングに行きませんか。

④ 日曜日、ひまだったら、あそびに来てください。

1 「〜たら(~하면)」에는 '~하고 나서, ~한 후'의 의미도 있다.

① 駅に着いたら、電話してください。

② 夏休みになったら、国へ帰ります。

2 「〜たらいいですか(~하면 좋습니까?)」와 같이 상대방에게 조언을 구하거나, 「〜たらどうですか(~하면 어떻습니까?)」의 형태로 조언이나 제안을 나타내기도 한다.

① A：北海道のおみやげは何を買ったらいいですか。

B：ホワイトチョコレートを使った有名なおかしがありますよ。

② A：夕飯、何にしたらいい？

B：カレーにしたらどう？

3 「よかったら(괜찮다면)」는 상대방에게 무언가를 권유하거나 추천할 때 자주 쓰는 표현이다.

① これ、私が作ったんです。よかったら食べてみてください。

② 明日、山へ行くんですが、よかったらいっしょに行きませんか。

やってみよう！

정답 별책 P. 2

例	雨が ___降ったら___、出かけません。

1）危ないので台風が ＿＿＿＿＿＿＿、海へ行かないでください。

2）明日 ＿＿＿＿＿＿＿、野球の試合はありません。

3）駅から ＿＿＿＿＿＿＿、歩いて行きましょう。

4）仕事が ＿＿＿＿＿＿＿、お酒を飲みに行きませんか。

5）18歳に ＿＿＿＿＿＿＿、めんきょを取ることができます。

6）もう5時間も働いていますよ。少し ＿＿＿＿＿＿ どうですか。

降ります　来ます　休みます　なります　雨です　近いです　終わります

12　かんたんに作れます　간단히 만들 수 있어요

どう使う？

가능형은「〜ことができる(〜를 할 수 있다)」와 비슷한 의미이다. 어떤 것을 할 능력이 있는지 혹은 어디서 무엇을 할 수 있는지 등을 말할 때 쓴다.

◎ 동사의 가능형

	사전형 V-る	가능형 V-できる
Iグ룹	書く 遊ぶ 読む	書ける 遊べる 読める
IIグ룹	起きる 食べる 見る	起きられる 食べられる 見られる
IIIグ룹	来る する	来られる できる

```
お こ ご そ と の ほ も ろ を
うくぐすつぬふむるう
あいきぎしちにひみりい
あかがさたなばまらわ
え け げ せ て ね へ め れ え
書くあ
→ け ＋ る
```

食べる
↓
られる

동사를 가능형으로 바꾸면 II그룹 동사와 동일하게 활용할 수 있다.

書く → 書ける（IIグ룹）：書けます・書けない・書けて・書けた

A：漢字、書ける？

B：ううん、まだ書けない。

II그룹 동사의 가능형은 말할 때「食べれる・見れる」와 같이「ら」를 생략해서 사용할 수 있다.

가능형 문장에서는 목적어를 나타내는 조사「を」가「が」로 바뀐다.

コンピューターを使う → コンピューターが使える
① 私は日本語の新聞が読めます。
② 私はお酒が飲めません。
③ A：この図書館、雑誌も借りられますか。
　　B：ええ、古い雑誌は大丈夫ですよ。

やってみよう！

정답 별책 P. 2

例 私は漢字が100字　__書けます__　。

1) 鈴木さんはピアノが　_____。
2) あのビール工場はいつでも　_____。
3) A：明日の朝7時に会社に　_____　か。

　　B：はい、わかりました。

4) うちのむすこは4歳ですが、自転車に　_____。

~~書きます~~　　来ます　　見学します　　ひきます　　乗ります

「見られる」「聞ける」와　「見える」「聞こえる」

「見える(보이다)」와「聞こえる(들리다)」는 어떤 것을 의식해서가 아닌, 자연스럽게 시야나 귀에 들어올 때 쓰는 표현이다. 반면「見られる・聞ける」는 어떤 것을 의도적으로 '볼 수 있다・들을 수 있다'라는 의미이다.
① まどから木が見えます。
② 日本ではいろいろな国の映画が見られます。

③ となりの部屋から赤ちゃんの声が聞こえます。

④ このラジオで外国のほうそうが聞けます。

やってみよう！

정답 별책 P.2

1）あそこに白いビルが（見られます・見えます）ね。銀行はあの中です。

2）上野動物園でパンダが（見られます・見えます）よ。

3）あ、鳥の声が（聞けます・聞こえます）よ。きれいな声ですね。

4）インターネットで、いつも新しい歌が（聞けます・聞こえます）。

!

사람이 의지를 갖고 하는 행동만 가능형으로 활용할 수 있다. 사람의 의지와 관계없는 동사 困る(곤란하다)・疲れる(지치다)・病気になる(병이 나다)・間に合う(제시간에 맞추다)・なれる(익숙해지다) 등은 가능형으로 만들 수 없다.

또한「荷物が入る(짐이 들어가다)・水が出る(물이 나오다)」등 주어가 사물일 경우나, 「できる(할 수 있다)・わかる(알다)」등과 같이 가능의 의미가 포함되어 있는 동사에도 사용할 수 없다.

6時の電車に間に合えますか。　⇒ ○ 間に合いますか

このかばんは荷物がたくさん入れますよ。　⇒ ○ 入りますよ

この本を読んだらいろいろなことがわかれます。　⇒ ○ わかります

まとめの問題

정답 별책 p.11

もんだい1 <문장 완성>

___★___に 入る ものは どれですか。1・2・3・4から いちばん いい ものを 一つ えらんで ください。

1　けさ ____ ____ ___★___ ____ 間に 合いませんでした。

   1　おくれた　 **2**　じゅぎょうに　 **3**　ので　 **4**　電車が

2　電車を おりる とき、____ ____ ___★___ ____ ください。

   1　たしかめて　 **2**　忘れ物が　 **3**　かどうか　 **4**　ない

3　しゅうまつ ____ ____ ___★___ ____ 行きませんか。

   1　時間が　 **2**　映画を　 **3**　見に　 **4**　あったら

4　今日 ____ ____ ___★___ ____ この びじゅつ館は 休みです。

   1　月曜日　 **2**　は　 **3**　ので　 **4**　な

もんだい2 <글의 문법>

1 ～ 4 に 何を 入れますか。1・2・3・4から いちばん いい ものを 一つ えらんで ください。

今日、キムさんが 作った ケーキを 食べた。キムさんは はじめて 作ったと 言って いたけど、とても おいしかった。わたしは ケーキが 大好きだが、 1 。 キムさんが 作った ケーキを 食べて、わたしも 自分で 作って みたいと 思った。 2 、今度 キムさんと いっしょに 作る やくそくを した。おいしく 3 か どうか わからないが、上手に 4 、友だちにも あげたい。

1　**1**　作れない　 **2**　作れる　 **3**　作る　 **4**　作った

2　**1**　なぜなら　 **2**　それに　 **3**　ところが　 **4**　それで

3　**1**　作る　 **2**　作らない　 **3**　作れる　 **4**　作れない

4	**1** できたら	**2** できても	**3** できなかったら	**4** できて

もんだい3 ＜청해＞

1 まず しつもんを 聞_きいて ください。それから 話_{はなし}を 聞_きいて、もんだいようしの 1から
4の 中_{なか}から、いちばん いい ものを 一_{ひと}つ えらんで ください。

1	**1** かいぎを する	**2** コピーする	🔊 12
	3 女_{おんな}の人_{ひと}を よぶ	**4** へやに 帰_{かえ}る	

2	**1** 京都_{きょうと}へ あそびに 行_いく	**2** フェスティバルに 行_いく	🔊 13
	3 フェスティバルに 行_いかない	**4** まだ わからない	

2 このもんだいでは えなどが ありません。まず、ぶんを 聞_きいて ください。それから、
そのへんじを 聞_きいて、1から3の 中_{なか}から、いちばん いい ものを 一_{ひと}つ えらんで
ください。

1　　**2**　　**3**　　🔊 14

본문 해석 보기

できること

● 단어나 말의 의미를 간단히 설명할 수 있다.
● 관습이나 규칙에 대해 설명하거나 질문할 수 있다.

🔊 15

タン：すみません。山田さん、これは何で
　　　すか。

山田：ああ、それは「ごほうめい」と読むん
　　　ですよ。名前**という意味**です。

タン：そうですか。ありがとうございます。

山田：タンさん、けっこん式にしょうたい
　　　されたんですか。

タン：はい。けっこん式は6月な**のに**、
　　　もうしょうたいじょうがとどいたんです。

山田：日本ではふつう3か月前に出しますよ。

タン：どうしてそんなに早いんですか。

山田：パーティーの席を決め**なければなりません**から。

タン：え!? 席を決めるんですか。

山田：ええ。

13 名前という意味です　'이름'이라는 뜻이에요

どう使う？

「～という意味(～이라는 뜻)」는 설명이 필요한 단어나 기호 등의 의미를 설명할 때 사용한다.

PI ＋ という意味

 「**なA** ／ **N** ＋ という意味」 또는 「**V-しろ** ／ **V-よう** ＋ という意味」의 형태로도 쓴다.

① 「礼状」はお礼の手紙という意味です。

② これはくもりですがときどきはれるという意味です。

③ A：先生、この△はどういう意味ですか。

　B：答えがちょっとちがうという意味です。

④ 日本語の「すみません」は、ありがとうという
　意味でも使います。

②

③

やってみよう！

정답 별책 p.2

例　A：これはどういう意味ですか。
　　B：ここに（　おんせんがある　）という意味です。

1）A：これはどういう意味ですか。
　　B：左に（　　　　　　　　　）という意味です。

2）A：これはどういう意味ですか。
　　B：おなかに（　　　　　　　　）という意味です。

3）A：これはどういう意味ですか。
　　B：（　　　　　　　　　）という意味です。

例
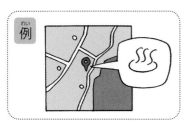

1）

2）

3）
不在

14 けっこん式にしょうたいされた　結婚式に초대받았어

どう使う？

수동형은 동작을 당한 사람을 기준으로 말하고자 할 때 사용한다. 이때, 동작의 주체는 조사「に」로 나타낸다.「ほめる(칭찬하다)・さそう(권유하다)・助ける(돕다)・頼む(부탁하다)・しょうたいする(초대하다)」등의 단어와 함께 자주 사용한다.

◎ 동사의 수동형

	사전형 **V-る**	수동형 **V-られる**
Ⅰグループ	頼む	頼まれる
	呼ぶ	呼ばれる
	※さそう	さそわれる
Ⅱグループ	ほめる	ほめられる
	助ける	助けられる
	見る	見られる
Ⅲグループ	連れてくる	連れてこられる
	しょうかいする	しょうかいされる

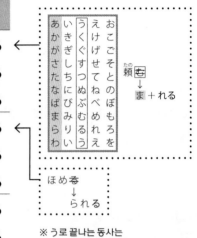

頼む → 頼ま ＋れる

ほめる → ほめ → られる

※ う로 끝나는 동사는 あ가 아닌 わ로 바뀐다.

① 私はスミスさんにパーティーにしょうたいされました。
② 私は社長に仕事を頼まれました。
③ きのう知らないおばあさんに道を聞かれました。
④ ピアノが上手にひけたので、先生にほめられました。

やってみよう！

정답 별책 p.2

例

1）

ケン
ケン

2）　3）

13
〜
21

例　私は母に買い物を ___頼まれ___ ました。

1）私はみんなに「ケン」と _____ ています。

2）私は毎日母に _____ ています。

3）私は上田さんに「何が好き？」と _____ ました。

呼びます　聞きます　頼みます　起こします

☞29. かめがかざられています
49. 子ねこにかまれたんだ

15　けっこん式は6月なのに　결혼식은 6월인데

どう使う？

「〜のに（〜인데、〜임에도 불구하고）」는 「〜ので（〜이므로、〜이라서）」와 상반되는 의미로, 말하는 사람의 불만이나 안타까움, 놀라움을 표현할 때 사용한다.

PI ＋ のに

[**なA** だな　　**N** だな]

① A：かぜをひいているのに、仕事に行くんですか。

　　B：ええ、会議があるので休めないんです。

② 仕事が忙しいのに、山田さんは今日も休みです。

③ もう3月なのに、とても寒いですね。

④ A：おなか、すきましたね。

　　B：え？　さっきたくさん食べたのに、もうおなかがすいたんですか？

やってみよう！

例　リンさんは歌が上手なのに、（　a　）。

1）大石さんは中国に２年住んでいるのに、（　　　　）。
2）ピアノを毎日練習しているのに、（　　　　）。
3）あの人はもう70歳なのに、（　　　　）。
4）あの子は雨が降っているのに、（　　　　）。

a	みんなの前で歌いません	b	なかなか上手になりません
c	毎日10キロ走っています	d	中国語がぜんぜん話せません
e	外であそんでいます			

16　席を決めなければなりません　자리를 정하지 않으면 안 돼요

どう使う？

「～なければならない（～하지 않으면 안 된다, ～해야 한다)」는 꼭 필요한 일이므로 하고 싶지 않아도 반드시 해야 할 의무가 있음을 나타낼 때 쓰는 표현이다.

V-ない ＋ なければならない

① 明日試験がありますから、今晩は勉強しなければなりません。
② Ａ：この本は月曜日までに返さなければなりませんか。
　Ｂ：はい、月曜日までに返してください。
③ 日本では、車は道の左側を走らなければなりませんから、大変です。

！「～なければならない（~하지 않으면 안 된다)」는 꼭 해야 할 일이 있어, 권유를 거절해야 할때의 이유로 쓰는 경우도 많다.

例　Ａ：これからカラオケに行きませんか。
　　Ｂ：すみません。今日は早く帰らなければならないんです。

정답 별책 P.3

例 明日は日曜日ですが、会社へ ＿＿行か＿＿ なければなりません。

1）このプールではかならずぼうしを ＿＿＿＿＿＿ なければなりません。

2）A：住所も ＿＿＿＿＿＿ なければなりませんか。　　2）

　　B：いいえ、名前だけ書いてください。

3）A：これからいっしょに映画を見に行きませんか。

　　B：すみません。スピーチのじゅんびを ＿＿＿＿＿＿

　　なければならないので…。

4）留学するとき、ビザを ＿＿＿＿＿＿ なければなりません。

＿＿＿＿＿＿＿＿＿＿＿＿＿＿＿＿＿＿＿＿＿

行きます　取ります　します　かぶります　書きます

✚ Plus

〜なくてはならない／〜なくてはいけない

「〜なければならない(~하지 않으면 안 된다)」는 「〜なくてはならない／〜なくては
いけない(~하지 않으면 안 된다)」라고도 한다.

① A：すみません。この子のチケットも買わなくてはなりませんか。

　　B：はい、子どもさんもチケットを買ってください。

② 今日は歯医者へ行かなくてはいけないので、お先に失礼します。

본문 해석 보기

できること

● 관습이나 규칙 등에 대해 설명하거나 질문할 수 있다.
● 관습 등에 대해 상대방에게 조언을 해줄 수 있다.

🔊 16

タン：日本のけっこん式は、しょうたいじょうがない人は出席できない
んですか。

山田：ええ、そうですよ。

タン：私の国では、だれが参加してもいいんです。

山田：へえ、そうなんですか。

タン：ええ。

山田：ベトナムではおいわいはどんなものをあげるんですか。

タン：何もあげなくてもいいんです。

山田：そうですか。でもタンさん、日本では、おいわいは
あげたほうがいいと思いますよ。

タン：そうですね。じゃ、何かあげることにします。

17 だれが参加してもいい　누구나 참가해도 괜찮아

どう使う？

「～てもいい(～해도 괜찮다)」는 어떤 행동을 해도 문제가 되지 않는다, 즉 그 행동을 해도 괜찮다고 말할 때 쓴다.

V-て ＋ もいい

13
〜
21

① A：土曜日に学校の教室を使ってもいいですか。

　 B：ええ、午前中は先生がいますから、使ってもいいですよ。

② A：教室でお弁当を食べてもいいですか。

　 B：お弁当は食堂で食べてください。

③ A：たばこを吸ってもいいですか。

　 B：すみません、ここでは吸わないでください。

④ A：いっしょに行ってもいいですか。

　 B：すみません。今日はちょっと…。

やってみよう！

정답 별책 P.3

> 例　作文を書くとき、辞書を ___使って___ もいいです。

1）ここに車を _____ もいいですか。

2）ねつがなかったら、おふろに _____ もいいです。

3）部屋の空気が悪いですから、まどを _____ もいいですか。

4）このペンを _____ もいいですか。

> 使います　止めます　開けます　借ります　入ります

 「～てもいいですか(~해도 좋습니까?)」의 정중형은 「～てもよろしいですか(~해도 괜찮습니까?)」이다.

①すみません。ここに座ってもよろしいですか。

②明日の夜、9時ごろ電話してもよろしいですか。

18 どんなものをあげるんですか　어떤 것을 주나요?

どう使う？

「あげる(주다)」는 내가 상대방에게 어떤 물건을 줄 때 쓴다. 받는 사람은 조사 「に」로 나타낸다.

① 私は日本人の友だちに国のおかしをあげました。

② このパン、たくさんあるから1つあげるよ。

1　상대방이 나보다 어리거나 혹은 동식물일 경우 「あげる(주다)」 대신에 「やる(주다)」
　를 쓸 수 있다.
　① 私は毎日うちの犬にえさをやります。
　② 兄：これ、もらったんだけど、使わないから、やるよ。
　　　弟：ありがとう。

2　「あげる(주다)」의 겸양어는 「さしあげる(드리다)」이다.
　① 私は先生に国のおみやげをさしあげました。
　② A：このカタログ、もらってもいいんですか。
　　　B：はい。どうぞ。みなさんにさしあげています。

 Plus

～てあげる

「 V-て ＋あげる」는 자신이 상대방을 위해 무언가를 해 줄 때 쓰는 표현이다. 단, 손윗
사람에게는 직접적으로 「～てあげる(~해 주다)・～てさしあげる(~해 드리다)」라
고 말하지 않는다.

① 私はきのう妹にゲームを買ってあげました。

② A：佐藤さん、料理上手だね。

　　B：そう？ また作ってあげるね。

③ 友だちに中国語を教えてあげました。

19 あげなくてもいい　주지 않아도 돼

どう使う？

「〜なくてもいい(〜하지 않아도 된다)」는 어떤 행동을 할 필요가 없음을 나타낼 때 쓴다.

V-ない + なくてもいい

① 土曜日は学校へ行かなくてもいいです。
② 今日はすずしいですから、エアコンをつけなくてもいいです。

13
〜
21

やってみよう！

정답 별책 P.3

例　私の国では家の中に入るとき、くつを　__脱がなくて__　もいいです。

1）このプリントは宿題ではありませんから、_____　もいいです。

2）明日は休みですから、朝早く　_____　もいいです。

3）A：このズボンも洗濯しますか。

　　B：それは　_____　もいいです。

4）ねつが下がったら、この薬を　_____　もいいです。

脱ぎます　洗います　出します　起きます　飲みます

「〜なくてもかまいません(〜하지 않아도 상관없습니다)」으로도 쓸 수 있다.

① きらいだったら、食べなくてもかまいませんよ。
② 作文は、上手に書けなくてもかまいませんから、自分で書いてください。

20 あげたほうがいい　주는 편이 좋다

どう使う？

「〜たほうがいい(〜하는 편이 좋다)」는 곤란해하고 있는 상대방에게 조언을 할 때나, 어느 쪽이 좋을지 자신의 의견을 말할 때 쓴다.

V-た
V-ない ⎤ + ほうがいい

① かぜですか。早く帰って、寝たほうがいいですよ。

② たばこは体によくないから、吸わないほうがいいですよ。

③ A：何か意見がありますか。

　　B：ごみばこが少なくて不便ですから、もう少しふやしたほうがいいと思います。

やってみよう！

～정답 별책 P.3

例　雨が降りそうだから、かさを　__持っていった__　ほうがいいですよ。

1）病気がなおるまで、お酒は _____ ほうがいいですよ。

2）困ったときは一人で考えないで、家族や友だちに _____ ほうが

　いいですよ。

3）ここは駅の前ですから、ここに車を _____ ほうがいいですよ。

4）A：テストの前は、たくさん _____ ほうがいいと思います。

　　B：そうですね。でも、テストのとき、ねむくなったら困りますから、前の日

　　　は早く _____ ほうがいいと思います。

```
持っていきます　飲みます　止めます　そうだんします　寝ます
勉強します
```

21 あげることにします 주기로 하겠습니다

13 〜 21

どう使う？

「〜ことにします（〜하기로 합니다）」는 자신의 의지로 어떤 행동을 할지 말지 결정했을 때 쓴다.

V-る
V-ない] ＋ ことにする

① 最近、目が悪くなったので、めがねをかけることにしました。
② A：大学を卒業したら、大学院に行くんですか。
　 B：いいえ、国へ帰ることにしました。
③ A：今日は午後から雪になりますよ。
　 B：じゃ、今日は出かけないことにします。うちで仕事をします。

やってみよう！

정답 별책 P.3

例

1)

2)

3)

4)

例　私は毎朝野菜ジュースを（　飲む　）ことにしました。

1) 毎朝5キロ（　　　　　　）ことにしました。

2) あまいものを（　　　　　　）ことにしました。

3) 毎日自分で料理を（　　　　　　）ことにしました。

4) たばこを（　　　　　　）ことにしました。

☞ 45. 行くことになりました

まとめの問題

もんだい1 <문장 완성>

＿＿★＿＿ に 入る ものは どれですか。1・2・3・4から いちばん いい ものを 一つ えらんで ください。

1 今日は ＿＿＿ ＿＿＿ ＿★＿ ＿＿＿ まだ 咲きませんね。

1 さくらは **2** 4月2日 **3** 公園の **4** なのに

2 夜は あぶないですから、一人で ＿＿＿ ＿＿＿ ＿★＿ ＿＿＿ ですよ。

1 ほうが **2** 歩かない **3** いい **4** 外を

3 5時に ＿＿＿ ＿＿＿ ＿★＿ ＿＿＿ いいです。

1 やめて **2** なったら **3** 仕事を **4** 帰っても

4 今から 図書館へ ＿＿＿ ＿＿＿ ＿★＿ ＿＿＿ なりません。

1 返しに **2** この **3** 行かなければ **4** 本を

5 この ＿＿＿ ＿＿＿ ＿★＿ ＿＿＿ です。

1 いい **2** 手紙には **3** 切手を **4** はらなくても

6 けっこんしきの パーティーに ＿＿＿ ＿＿＿ ＿★＿ ＿＿＿ しました。

1 行く **2** ことに **3** 着て **4** 着物を

7 この マーク ＿＿＿ ＿＿＿ ＿★＿ ＿＿＿ 意味です。

1 という **2** 洗えない **3** は **4** せんたくきで

もんだい2 <글의 문법>

1 ～ 4 に 何を 入れますか。1・2・3・4から いちばん いい ものを 一つ えらんで ください。

ベトナムでは けっこんしきに だれが 1 。せきも きまって いませんから、どこに 2 。しかし、日本では すわる 席を きめ 3 から、しょうたいじょ

48

うを早く送ります。

けっこんしきの会場では、うけつけで名前を言って、かならず おいわいの お金を わたします。たいせつな けっこんしきですから、ちこくしたら、しつれいだと 日本人は 思います。だから、日本では 早く ┌ 4 ┐ 。

1	**1** 来なければ なりません	**2** 来なくても いいです
	3 来ても かまいません	**4** 来たほうが いいです

2	**1** すわっても いいです	**2** すわりましょう
	3 すわったら いいですか	**4** すわれます

3	**1** なければ なりません	**2** なくても いいです
	3 ても かまいません	**4** ても いいです

4	**1** 行ったほうが いいです	**2** 行かないほうが いいです
	3 行く ことに しました	**4** 行かない ことに しました

もんだい3 〈청해〉

まず しつもんを 聞いて ください。それから 話を 聞いて、もんだいようしの 1から 4の 中から、いちばん いい ものを 一つ えらんで ください。

1	**1** あいさつする	**2** じゅんびを する	🔊 17
	3 プレゼントを とりに 行く	**4** 休む	

2	**1** 男の人が まだ テキストを 買って いないから	🔊 18
	2 男の人が 今日 バイトの きゅうりょうが 出るから	
	3 男の人が 中国語の じゅぎょうを うけたいから	
	4 男の人に ケーキを もらったから	

4 私の町ハノイ (1)

나의 고향 하노이 (1)

できること

● 출신 지역에 대해 소개할 수 있다.

본문 해석 보기

🔊 19

みなさん、こんにちは。今日は私の町をしょうかいしたいと思います。私の町はベトナムのハノイです。みなさん、行ったことがありますか。どんなところか知っていますか。ハノイは7月になると、きれいな花がたくさん咲きます。それで町はとても美しくなります。

ハノイは東京よりずっと小さいですが、たくさん湖があります。町の中心の湖はとても有名です。私はその湖のまわりを散歩するのが好きです。湖はあまり大きくないので、まわりを歩くのに1時間かかりません。湖の中にあるお寺には大きいかめがかざられています。とても大きいかめですから、ぜひ見てください。

---

22 行ったことがありますか   간 적이 있습니까?

どう使う？

「〜たことがある(〜한 적이 있다)」는 과거에 경험했던 것을 말할 때 쓴다.

V-た + ことがある

① 私は一度アフリカへ行ったことがあります。

② 私は一度もなっとうを食べたことがありません。

③ 私はニューヨークでミュージカルを見たことがあります。

やってみよう！

정답 별책 P.3

> **例** 私は歌舞伎を ___見た___ ことがあります。

1）私は日本の旅館に ＿＿＿＿＿＿＿ ことがあります。

2）私は自動車の工場を ＿＿＿＿＿＿＿ ことがあります。

3）チャンさんはまだ新幹線に ＿＿＿＿＿＿＿ ことがありません。

4）マリアさんは、着物を ＿＿＿＿＿＿＿ ことがあります。

22 〜 33

見学します　乗ります　着ます　とまります　見ます

!

1「〜たことがある(〜한 적이 있다)」는「きのう(어제)・先週(지난주)」와 같은 가까운 과거를 나타내는 말과 함께 사용하지 않는다.

~~先週、富士山に登ったことがあります。~~

⇒ ○ 先週、富士山に登りました。

2 한 번 경험한 일은 계속 지속되므로「〜ことがあった(〜한 적이 있었다)」라고 말하지 않는다.

私は新幹線に乗ったことが~~ありました。~~

23　どんなところか知っていますか　어떤 곳인지 알고 있습니까?

どう使う？

「의문사 〜か」는 '언제 할지, 어떤 것인지' 등을 말할 때 쓴다. 「知っている(알고 있다)・言う(말하다)・聞く(듣다)・わからない(모르다)・〜てみる(〜해 보다)」와 같은 표현과 자주 쓰인다.

「いつ・どこ・何」等と같은 의문사 ＋ **PI** ＋ か

[**なA** だ **N** だ]

① この料理はどうやって作るか、教えてください。

② おみやげは何がいいか、聞きました。

③ 田中さんはどこへ行ったか、知っていますか。

④ 佐藤さんの電話番号は何番か、忘れてしまいました。

やってみよう！

정답 별책 P.3

例　A：試合は何時に始まりますか。

　　B：さあ、何時に（　始まる　）か、わかりません。

1) A：コピー、何枚必要ですか。

　　B：わかりません。何枚（　　　　　　　）か、山田さんに聞いてください。

2) A：佐藤さん、今日、元気がありませんね。

　　B：そうですね。どうして元気が（　　　　　　　）か、知っていますか。

3) A：東京から成田空港までいくらでしたか。

　　B：いくら（　　　　　　　）か、忘れました。

4) A：今日のパーティー、だれが来ますか。

　　B：さあ、だれが（　　　　　　　）か、私も知らないんです。

24　7月になると　　7월이 되면

どう使う？

「〜と、…(〜하면…)」는 자연의 변화, 기계 사용법, 가는 길 등을 설명할 때 자주 쓰는 표현이다. '〜일 때는 반드시 …이 된다'는 의미로, 앞의 말이 성립되면 필연적으로 뒷부분이 성립됨을 말하고자 할 때 사용하는 경우가 많다.

PI ＋ と

[현재형만 접속 가능]

①春になると、桜が咲きます。

②このボタンを押すと、きっぷが出ます。

③ この道をまっすぐ行くと、銀行があります。

④ スーパーが遠いと、不便です。

⑤ いい天気だと、ここから富士山が見えます。

⑥ すぐ行かないと、間に合いませんよ。

やってみよう！

정답 별책 P.3

例 お酒を ＿＿飲む＿＿ と、顔が赤くなります。

1）パスポートが ＿＿＿＿＿＿＿＿ と、外国に行けません。

2）右に ＿＿＿＿＿＿＿＿ と、郵便局があります。

3）雨が ＿＿＿＿＿＿＿＿ と、水が足りなくなります。

4）このボタンを ＿＿＿＿＿＿＿＿ と、音が大きくなります。

5）100メートルくらい歩いて橋を ＿＿＿＿＿＿＿＿ と、白い建物があります。

6）＿＿＿＿＿＿＿＿ と、仕事をするとき不便です。

渡ります　押します　曲がります　古いパソコンです
降りません　ありません　飲みます

! 문장 뒷부분에는 의뢰・명령・의지를 나타내는 표현은 쓸 수 없다.

　100メートル行くと、左に曲がってください。

○ 100メートル行くと、左に銀行があります。

25　ハノイは東京よりずっと小さいです
하노이는 도쿄보다 훨씬 작습니다

どう使う？

「AはBより〜(A는 B보다〜)」는 'A는 B와 비교하면〜'이라는 뜻이다.

N₁ ＋ は ＋ N₂ ＋ より〜

① 東京の地下鉄は私の国の地下鉄より便利です。

② 兄は私より英語が上手です。

③ 今日のテストはきのうのよりやさしかったです。

 やってみよう！

정답 별책 p.3

> 例 モスクワ（－10℃）・東京（0℃）
>
> （ モスクワ ）は（ 東京 ）より 寒いです。

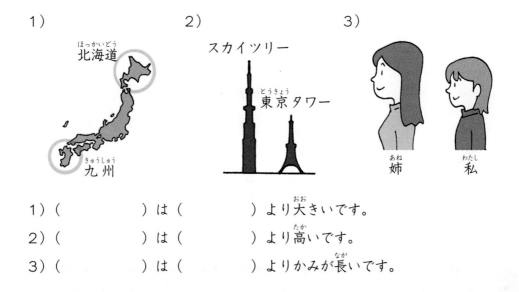

1）
北海道

九州

2）
スカイツリー

東京タワー

3）
姉　　私

1）（　　　　　）は（　　　　　）より大きいです。

2）（　　　　　）は（　　　　　）より高いです。

3）（　　　　　）は（　　　　　）よりかみが長いです。

26　その湖のまわり　그 호수의 주변

どう使う？

상대가 모르는 화제를 다시 한번 언급할 때 지시대명사 「それ(그것)」 등을 사용한다.

① 私の家の前に学校ができました。その学校には大きいプールがあります。

② Ａ：ディズニーランドのパレードが新しくなりましたね。

　Ｂ：そうですか。じゃ、そのパレードをいっしょに見に行きませんか。

③ 私は花屋で働いています。その花屋はいつもきれいな花でいっぱいです。

듣는 사람이 화제에 대해 알고 있을 땐 지시대명사 「**あれ**（저것）」 등을 사용한다.

A：きのう、駅前のレストランに行ってきました。

B：ああ、あのレストラン、安くておいしいですよね。

C：へえ、そのレストラン、何という名前ですか。

やってみよう！

정답 별책 P.3

例　A：きのう登った山、とてもきれいでした。

B：（ その ・あの ） 山、どこにあるんですか。

1）A：新しい薬ができたそうです。

B：（それ・あれ）、何の薬ですか。

2）A：昔、よくいっしょに川で魚をつったね。

B：そうだったね。（その・あの） 川、今でもあるかな？

3）A：この間読んだ『山の上』という本、とてもおもしろかったですよ。

B：そうですか。（その・あの） 本、貸していただけませんか。

27　散歩するのが好きです　산책하는 것을 좋아합니다

どう使う？

「～の（～것）」는 문장을 명사화할 때 사용한다.

PI ＋ の

[**なA** だな　**N** だな]

① 小林さんはギターをひくのが上手です。

② 宿題を持ってくるのを忘れました。

③ 田中さんは野球が大好きなのを知っていますか。

④ 泳ぐのは楽しいですが、疲れます。

⑤ 高橋さんが先月けっこんしたのを知っていますか。

やってみよう！

> 例　A：何をするのが好きですか。
>
> 　　B：山に　＿＿登るの＿＿　（　が　）好きです。

1）A：何か手伝いましょうか。

　　B：じゃ、この荷物を　＿＿＿＿＿＿＿＿　（　　　　）手伝ってください。

2）佐藤さんは　＿＿＿＿＿＿＿＿　（　　　　）速いです。

3）私はトイレを　＿＿＿＿＿＿＿＿　（　　　　）きらいです。

4）昔いっしょに海で　＿＿＿＿＿＿＿＿　（　　　　）覚えていますか。

5）まんがを　＿＿＿＿＿＿＿＿　（　　　　）好きですが、

　　本を　＿＿＿＿＿＿＿＿　（　　　　）あまり好きではありません。

6）友だちと　＿＿＿＿＿＿＿＿　（　　　　）楽しいです。

泳ぎます　運びます　そうじします　旅行します　登ります 走ります　読みます　読みます

！

「～のは（~것은）」는 말하는 사람이 질문 내용을 강조해서 말할 때 자주 사용한다.

① A：あそこにいるのはだれですか。

　 B：佐藤さんです。

② A：今日ちこくしたのは、どうしてですか。

　 B：電車の事故があったからです。

やってみよう！

> 例　A：国へ　＿＿帰る＿＿　のはいつですか。
>
> 　　B：来週です。

1）A：アメリカへ ＿＿＿＿＿＿＿＿＿ のは、いつですか。

　　B：来年の４月です。

2）A：小林さんが今いちばん ＿＿＿＿＿＿＿＿＿ のは、何ですか。

　　B：新しいゲームです。

3）A：タイでいちばん ＿＿＿＿＿＿＿＿＿ のは、どこですか。

　　B：バンコクです。

4）A：きのう学校を ＿＿＿＿＿＿＿＿＿ のは、どうしてですか。

　　B：おなかが痛かったからです。

ほしいです　休みます　にぎやかです　帰ります　行きます

「こと」와「の」

1 다음과 같은 문형에서는「こと」만 사용 가능하다.

「私の趣味は〜ことです」 「〜ことができます」 「〜ことがあります」
저의 취미는~하는 것입니다　　～할 수가 있습니다　　～한 적이 있습니다

「〜ことになりました」 「〜ことにします」
~하게 되었습니다　　~하기로 합니다

2 아래와 같은 경우에서는「の」만 사용 가능하다.

2-1　돈, 시간, 용도, 목적 등을 표현할 때　☞28. 歩く**のに**１時間かかりません

2-2　뒷부분에「見る(보다)・見える(보이다)・聞く(듣다)・聞こえる(들리다)・待つ(기다리다)・手伝う(돕다)・やめる(그만두다)」와 같은 동사가 올 경우

① 太郎くんがあそんでいるのが見えます。

② たばこを吸うのをやめた。

3「の」는 사람, 장소, 사물, 시간, 이유 등에도 쓰인다.

① あそこにいるのはだれですか。

② レストランがいちばん忙しいのは昼の１２時から１時の間です。

やってみよう！

정답 별책 P.4

> **例** 私は富士山に登った（ <u>こと</u> ・ の ）があります。

1) 鈴木さんが歌っている（こと・の）が聞こえる。

2) この旅館でおんせんに入る（こと・の）ができます。

3) A：ここで何をしているんですか。
   B：佐藤さんが帰ってくる（こと・の）を待っているんです。

28 歩くのに1時間かかりません　걷는 데 1시간 안 걸립니다

どう使う？

「～のに、…（～하는데…）」는 어떤 용도나 목적을 위해 무언가 필요하다는 것을 말할 때 쓰는 표현이다. 뒷부분에 「使う(사용하다)・いる(있다)・便利(편리함)・いい(좋다)・役に立つ(도움이되다)」등과 같은 표현이 자주 온다.

V-る ＋ のに

① 高山病院まで行くのに1時間かかります。
② これはたまごを切るのに使います。
③ 学校へ持っていくのにちょうどいいかばんがほしいです。

やってみよう！

정답 별책 P.4

1) テレビは日本語を勉強する（のに・ので）役に立つと思います。

2) けっこんする（のに・ので）新しい部屋をさがしています。

3) けっこんする（のに・ので）どれくらいお金がいりますか。

4) このかさは軽くて小さい（のに・ので）、旅行に持っていく（のに・ので）

   いいですよ。

29 かめがかざ**られ**ています　거북이가 장식되어 있습니다

수동형은 건물이나 작품, 이벤트 등에 대한 사실을 설명하거나 정보를 제공할 때에도 사용한다.「発明する(발명하다)・発見する(발견하다)・作る(만들다)・開く(열리다)」등이 자주 쓰인다.

① 今夜ここでパーティーが開かれます。
② この歌はいろいろな国で歌われています。
③ 入学式は毎年4月に行われます。
④ 日本酒は米から作られます。

22
〜
33

やってみよう！

정답 별책 P. 4

> 例　この工場は1980年に　＿＿建てられ＿＿　ました。

1）日本からいろいろな国へ車が　＿＿＿＿＿＿＿＿　います。
2）このお寺は東京でいちばん古いと　＿＿＿＿＿＿＿＿　います。
3）来月スピーチ大会が　＿＿＿＿＿＿＿＿　ます。
4）大きい試合の前にはいつも国歌が　＿＿＿＿＿＿＿＿　ます。
5）この絵はいつ　＿＿＿＿＿＿＿＿　ましたか。

言います　ゆしゅつします　かきます　開きます　歌います　建てます

수동형 문장에서 행위의 주체를 밝힐 때「〜によって(〜에 의해)」를 쓴다.
① 『こころ』は夏目漱石によって書かれました。
② 電話は1876年にベルによって発明されました。
③ ホームからおちた男性は駅員によって助けられました。

☞14. けっこん式にしょうたい**された**
　　49. 子ねこにか**まれた**んだ

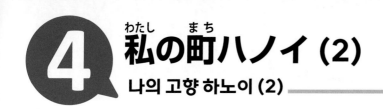
私の町ハノイ (2)

나의 고향 하노이 (2)

본문 해석 보기

● 출신 지역의 장소, 사람들의 모습, 명물 등에 대해 설명할 수 있다.

🔊 20

　　また、湖の近くには屋台がたくさん並ん**でいます**。近くへ行くと、いつもいいにおい**がします**。この写真を見てください。何を食べているかわかりますか。これはフォーを食べている**ところです**。フォーはお米で作られたベトナムの食べ物です。おいしそう**でしょう？**

　　みなさん、ベトナムには、このほかにもきれいなところやおいしい食べ物がたくさんあります。ぜひ一度行ってみてください。

30 屋台がたくさん並んでいます　노점이 잔뜩 늘어서 있습니다

どう使う？

「～ている(～해 있다)」는 어떤 동작이나 상태가 쭉 지속되고 있음을 나타낼 때 쓰는 표현이다.

V-て ＋ いる

① あ、さいふがおちていますよ。だれのかな。

② 映画館の前に人がおおぜい並んでいますね。

③ あそこにタクシーが止まっていますから、あのタクシーに乗りましょう。

④ 佐藤さんの部屋の電気がついていますよ。

22
〜
33

やってみよう！

정답 별책 p.4

例　まどが ___われて___ います。

1) カーテンが ＿＿＿＿＿＿＿ います。

2) ゆかが ＿＿＿＿＿＿＿ います。

3) ドアが ＿＿＿＿＿＿＿ います。

4) 木が ＿＿＿＿＿＿＿ います。

こわれます　ぬれます　~~われます~~　おれます　やぶれます

31 いいにおいがします　좋은 냄새가 납니다

どう使う？

「〜がする(〜가 나다)」는 냄새, 향기, 소리, 맛 등이 느껴질 때 쓰는 표현이다.

N ＋ がする

① A：犬の声がしますね。

　　B：ああ、となりのうちに犬がいますから。

② A：ここは変なにおいがしますね。

　　B：ああ、これはおんせんのにおいですよ。

やってみよう！

정답 별책 P.4

例　A：あ、佐藤さんの　＿＿声＿＿　がするよ。

　　B：そうだね。だれと話しているのかな。

1）A：ただいま。ああ、いい　＿＿＿＿＿＿　がするね。

　　B：うん。今夜はカレーライスだよ。

2）A：このアイスクリーム、お酒の　＿＿＿＿＿＿　がしますね。

　　B：ええ、よくわかりましたね。日本酒が入っているんですよ。

3）A：ねえ。となりの部屋から電話の　＿＿＿＿＿＿　がするよ…。

　　B：え？　となりにはだれも住んでいないのに、変だね。

におい	声	音	味

32 食べ(た)ているところです 먹고 있는 중입니다

どう使う？

「～ところだ(～하려는 참이다, 한창 ～중이다, 막 ～했다)」는 현재 어떤 상황인지 나타낼 때 쓰는 표현이다. 「食べ(た)るところ」는 '지금부터 먹으려던 참이다', 「食べ(た)ているところ」는 '지금 먹고 있다', 「食べ(た)たところ」는 '이제 막 먹었다'라는 의미가 된다.

V-る	
V-て いる	+ ところだ
V-た	

① 今から友だちと出かけるところです。

② A：ねえ、ちょっと手伝って。

　　B：ちょっと待って。今料理を作っているところだから。

③ ちょうど今、子どもが寝たところですから、静かにしてください。

やってみよう！

정답 별책 p.4

> 例　A：上田さん、コピー機、使ってもいいですか？
>
> 　　B：ええ、どうぞ。ちょうど ＿＿終わった＿＿ ところです。

1）A：レポートできましたか。

　　B：今 ＿＿＿＿＿＿ ところです。あと半分くらいです。

2）A：今どこ？

　　B：駅。電車を ＿＿＿＿＿＿ ところ。今から行くね。

3）A：もしもし、大山さん、今どこですか。

　　B：これから会社を ＿＿＿＿＿＿ ところです。

終わります　出ます　書きます　降ります

33 おいしそうでしょう？ 맛있어 보이지요?

どう使う？

「～でしょう？(～이지요?)」는 '저는 이렇게 생각하는데, 당신도 그렇지요?'의 의미를 담아, 상대방의 의견을 듣고자 할 때 쓰는 표현이다. 이때, 문장 끝은 올려 말한다.

PI ＋ でしょう⤴

[なA だ　N だ]

① A：このチョコレート、おいしかったでしょう？

　 B：はい。本当においしかったです。

② A：学校が休みの日はひまでしょう？

　 B：そうですね。少し時間があります。

やってみよう！

정답 별책 P.4

> 例　A：今年の夏は ＿＿暑かった＿＿ でしょう？
> 　　B：ええ、本当に大変でした。

1) A：今、『海の音』というゲームをしているんです。

　 B：＿＿＿＿＿＿＿ でしょう？ 私、あのゲーム、大好きなんです。

2) A：先週、富士山に登りました。

　 B：そうですか。＿＿＿＿＿＿＿ でしょう？

3) A：お母さん、ぼく、100点だったよ。＿＿＿＿＿＿＿ でしょう？

　 B：え、本当？ すごいわね。

4) A：このかばん、＿＿＿＿＿＿＿ でしょう？

　 B：わあ、いいなあ。私もほしい。

かわいいです　おもしろいです　暑いです　がんばります　疲れます

64

「〜でしょう(~이지요?)」의 보통형은 「〜だろう(~이지?)」라고 한다.

① A : このよごれはクリーニングに出しても取れないだろう？

　 B : そうね。取れないよね。

② A : そのかばん、高かっただろう？

　 B : ううん。そんなに高くなかったよ。

☞ 41. 大丈夫でしょう

정답 별책 P.12

もんだい1 <문장 완성>

___★___ に 入る ものは どれですか。1・2・3・4から いちばん いい ものを 一つ えらんで ください。

1 あれ、_____ _____ ___★___ _____ いますよ。変ですね。

    1 電気が   **2** 山田さんの   **3** ついて   **4** 部屋の

2 中国の _____ _____ ___★___ _____ 多いです。

    1 人口は   **2** アメリカ   **3** より   **4** ずっと

3 東京では、夏に _____ _____ ___★___ _____、とてもにぎやかです。

    1 なると   **2** 行われて   **3** 花火大会が   **4** 大きい

4 これは _____ _____ ___★___ _____ です。

    1 によって   **2** レオナルド・ダ・ヴィンチ

    3 かかれた   **4** 絵

5 この 写真を _____ _____ ___★___ _____ おぼえて いますか。

    1 のは   **2** いつ   **3** とった   **4** だったか

6 今度の _____ _____ ___★___ _____ と思います。

    1 かつ   **2** 試合で   **3** 大変だ   **4** のは

もんだい2 <독해>

つぎの 文章を 読んで、質問に 答えて ください。答えは、1・2・3・4から、いちばん いい ものを 一つ えらんで ください。

> みなさん、走るのが 好きですか。マラソン大会に 出たことが ありますか。
> 東京では冬になると毎年東京マラソンが開かれます。約3万5000人のランナーが東京の町を走ります。そこにはたくさん応援する人がいて、とてもにぎやかです。

東京マラソンは夏に参加の申し込みが始まります。このマラソンに1人10万円以上のお金を払って参加する人もいます。チャリティーランナーと呼ばれています。チャリティーランナーが出したお金は山に木を植えたり、病気の子どもたちを助けたりするのに使われます。

自分も楽しいし、社会のためにいいこともできますから、チャリティーランナーはとてもいいと思います。

---

1 東京マラソン大会の申し込みはいつからですか。

1 春　　　　　**2** 夏　　　　　**3** 秋　　　　　**4** 冬

---

2 チャリティーランナーは何をしますか。

1 ランナーからお金を集めます。

2 お金を払って、ランナーを助けます。

3 お金を払って、マラソンに参加します。

4 山に木を植えます。

もんだい3　<청해>

まず しつもんを 聞いて ください。それから 話を 聞いて、もんだいようしの 1から 4の 中から、いちばん いい ものを 一つ えらんで ください。

1　**1** しゃしんを 見て いる　　　**2** バスに のって いる　　　🔊21
　　　3 山に のぼって いる　　　**4** ごはんを 食べて いる

2　**1** いちども 見た ことが ない　　　🔊22
　　　2 いっかい 見た ことが ある
　　　3 大学の とき、見た
　　　4 なんかいも 見た ことが ある

ハイキングの計画 (1)

하이킹 계획 (1)

できること

● 들은 정보를 화제로 제시하며 이야기할 수 있다.

● 상대방의 권유나 제안에 대해 걱정이나 우려를 표현할 수 있다.

● 조건 등을 설명하고 상대방의 걱정을 덜어줄 수 있다.

🔊 23

高橋：高尾山、紅葉が始まった**らしいです**ね。

キム：ああ、高尾山ですか。テレビで、とてもきれいだ**と言っていまし**たね。

高橋：ええ、去年、佐々木部長に連れていっ**てもらいました**が、本当にきれいでしたよ。ね、今度の土曜日、行きませんか。

キム：そうですね。でも、山登りは疲れ**そうです**ね。

高橋：ケーブルカーを使え**ば**、大丈夫ですよ。

キム：ずっと前、山に行ったとき、道がわからなくなっ**てしまった**ことがあるんです。高橋さん、コースはわかりますか。

高橋：このガイドブックに書い**てあります**から、たぶん大丈夫**でしょう**。

34 始まったらしいです　시작됐다는 것 같아요

どう使う？

「〜らしい（〜라는 것 같다）」는 보거나 들은 정보를 근거로 추측하여 상대방에게 전달할 때 쓰는 표현이다.

PI ＋ らしい

[**なA** だ　**N** だ]

① A：部長、この歌、若い人に人気があるらしいですよ。

　　B：ああ、最近、よく聞くね。

② A：あのケーキ屋、有名らしいね。

　　B：そうね。この間、テレビで見たよ。

③ A：鈴木さんに聞いたんですが、山登り、大変だったらしいですね。

　　B：ええ。天気が悪くて、本当に大変でした。

④ A：あの2人は付き合っているらしいよ。この間、手をつないで歩いていたよ。

　　B：え？　本当？　ぜんぜん知らなかった。

やってみよう！

정답 별책 p.4

> 例　きのう聞いたんですが、週末から東京も　__すずしくなる__　らしいですよ。

1）A：高橋さんの新しい車、すごく　_____　らしいですよ。

　　B：へえ、そうですか。

2）A：山田さん、最近　_____　らしいですね。

　　B：ええ、今日もまだ仕事をしていますよ。

3）石田さん、大学に　_____　らしいですよ。

4）A：今朝、駅の前で事故が　_____　らしいですね。

　　B：ええ。私、見ましたよ。

合格します　忙しいです　~~すずしくなります~~　あります　いいです

34
〜
45

35 きれいだと言っていました　예쁘다고 말했어요

どう使う？

「～と言っていた(～라고 말했다)」는 상대방으로부터 들은 내용을 제3자에게 전달할 때 쓰는 표현이다.

PI ＋ と言っていた

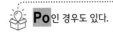 **Po**인 경우도 있다.

① A：さっき、鈴木さんから電話があって、今日は休むと言っていました。

　　B：そうですか。

② 天気よほうでは今日はあたたかくなると言っていたのに、寒いですね。

③ イーさんはきのう、国へ帰りました。先生によろしくと言っていました。

やってみよう！

〜정답 별책 P.5

1) 出張する／アメリカへ／部長は／と言っていました。

　＿＿＿＿＿＿＿＿＿＿＿＿＿＿＿＿ と言っていました。

2) 駅前の／佐藤さんは／おいしい／レストランは／と言っていました。

　＿＿＿＿＿＿＿＿＿＿＿＿＿＿＿＿＿ と言っていました。

3) 午後は／朝の／いい天気／テレビで／になる／と言っていました。

　＿＿＿＿＿＿＿＿＿＿＿＿＿＿＿＿＿ と言っていました。

36 連れていってもらいました　데려다 주었어요

どう使う？

「～てもらう(남이 ～해 주다, 남에게 ～해 받다)」는 상대방이 들어준 부탁이나 호의에 대해 감사의 마음을 담아 말할 때 쓰는 표현이다.

V-て ＋ もらう

① 私は友だちに新幹線のチケットのよやくのし方を教えてもらいました。

② かぜをひいたとき、友だちにご飯を作ってもらった。
③ 林さんに手伝ってもらったので、仕事が早く終わりました。
④ 食堂のメニューをふやしてもらいたいと思います。

やってみよう！

정답 별책 p.5

1 1) 貸して／日に／かさを／雨の／もらいました

　　　_____ もらいました。

　　2) 日本の／教えて／着物の／着方を／もらいたいです。

　　　_____ もらいたいです。

　　3) 内田さんに／歌って／歌を／すてきな／もらいましょう

　　　内田さんに _____ もらいましょう。

　　4) いつも母に／おいしい／作って／料理を／もらいます

　　　いつも母に _____ もらいます。

2 1) 友だちが病気になったら、何をして（もらい・あげ）ますか。

　　2) 手にけがをしたとき、友だちにかばんを持って（もらい・あげ）ました。

　　3) 日本人の友だちが私の国へ来たら、私が案内して（もらい・あげ）ます。

　　4) 乗る電車がわからなかったので、駅員に教えて（もらい・あげ）ました。

！

상대방에게 직접 부탁하거나 요청할 땐「～てもらえる(~해 줄 수 있다)」와 같이 가능형을 사용한다.

① A：この荷物、ちょっと片付けてもらえますか。

　　B：あ、すみません。すぐ片付けます。

② A：すみませんが、ちょっと手伝ってもらえませんか。

　　B：ええ、いいですよ。

③ A：ごめん、これ、貸してもらえる？

　　B：うん、いいよ。

～をもらう

상대방에게 무언가 받았다는 것을 말할 땐 「もらう(받다)」를 쓴다. 조사는 「に」 또는 「から」를 사용한다.

① たんじょう日に友だちにプレゼントをもらいました。
② 父からパソコンを買うお金をもらった。

やってみよう！　　　　　　　　　　정답 별책 P. 5

1) A : 大木さん、そのゲーム、（もらった・あげた）んですか。

B : ええ、たんじょう日に…。前からほしかったゲームなんです。

2) A : これ、（もらう・あげる）よ。

B : ありがとう。おいしそうなおかしね。

3) A : すてきなかばんですね。

B : ありがとうございます。母に（もらった・あげた）んです。

4) A : お母さんのたんじょう日、何を（もらった・あげた）んですか。

B : ケーキです。母はあまいものが好きなので…。

37　疲れそうです　피곤해 보여요

どう使う？

「～そうだ(～할 것 같다, ～해 보인다)」는 말하는 사람이 앞으로의 상황에 대해 추측하거나 예감을 말하고자 할 때 쓰는 표현이다.

V-ます ＋ そうだ

① 留学生はこれからふえそうです。
② 今日は天気が悪いから、道がこみそうだ。
③ これから私たちの生活はもっと便利になりそうです。

やってみよう！

> **例** あのレストランは店がきれいになって、お客が ＿＿ふえ＿＿ そうですね。

1）近くに駅ができたので、この町は ＿＿＿＿＿＿＿＿＿ そうですね。

2）パソコンの修理に時間が ＿＿＿＿＿＿＿＿＿ そうです。

3）今度の試合はブラジルが ＿＿＿＿＿＿＿＿＿ そうだ。

4）仕事がたくさんあるので、今日は帰りが ＿＿＿＿＿＿＿＿＿ そうです。

> かかります　遅くなります　かちます
>
> ~~ふえます~~　にぎやかになります

☞ 2. おいし**そうですね**
51. おち**そうだった**
81. いんたいされる**そうです**

34
〜
45

38　ケーブルカーを使えば　케이블카를 이용하면

どう使う？

「〜ば、…(〜하면…)」는 가정 표현으로 '만약 〜의 경우에는'이라는 의미를 나타낸다. 주로 희망이나 바람이 충족되기 위한 조건을 말할 때 쓰는 경우가 많다.

◎ 동사의 가정형

	사전형 **V-る**	가정형 **V-ば**
Ⅰグループ	書く 読む	書けば 読めば
Ⅱグループ	起きる 食べる	起きれば 食べれば
Ⅲグループ	来る する	来れば すれば

おこそとのほもろを
えけせてねべめれを　書く
うくすつぬふむるう　↓
いきしちにびみりい　け＋ば
あかがさたなばまらわ

食べる
↓
れ＋ば

◎ 형용사・명사의 가정형

い형용사	おいしい いい	おいし**ければ** ＊**よければ**
な형용사	元気だ<ruby>元気<rt>げん き</rt></ruby>	元気**なら**
명사	<ruby>雨<rt>あめ</rt></ruby>だ	<ruby>雨<rt>あめ</rt></ruby>**なら**

◎ 부정 표현의 가정형 (〜ない → 〜なければ)

동사	<ruby>見<rt>み</rt></ruby>ない	<ruby>見<rt>み</rt></ruby>**なければ**
い형용사	<ruby>高<rt>たか</rt></ruby>くない	<ruby>高<rt>たか</rt></ruby>く**なければ**
な형용사	きれいじゃない	きれいじゃ**なければ**
명사	<ruby>雨<rt>あめ</rt></ruby>じゃない	<ruby>雨<rt>あめ</rt></ruby>じゃ**なければ**

① この<ruby>薬<rt>くすり</rt></ruby>を<ruby>飲<rt>の</rt></ruby>めば<ruby>病気<rt>びょうき</rt></ruby>はなおります。でも、<ruby>飲<rt>の</rt></ruby>まなければなおりませんよ。

② このサービス<ruby>券<rt>けん</rt></ruby>を<ruby>持<rt>も</rt></ruby>っていけば、100<ruby>円<rt>えん</rt></ruby><ruby>安<rt>やす</rt></ruby>くなります。

③ <ruby>大阪<rt>おおさか</rt></ruby>へ<ruby>行<rt>い</rt></ruby>くきかいがあれば、<ruby>大阪城<rt>おおさかじょう</rt></ruby>を<ruby>見<rt>み</rt></ruby>に<ruby>行<rt>い</rt></ruby>きたいです。

④ <ruby>部屋<rt>へや</rt></ruby>がきれいで、<ruby>交通<rt>こうつう</rt></ruby>が<ruby>便利<rt>べんり</rt></ruby>なら、<ruby>大学<rt>だいがく</rt></ruby>のりょうに<ruby>住<rt>す</rt></ruby>みたいです。

やってみよう！

정답 별책 P. 5

<ruby>例<rt>れい</rt></ruby>	＿＿<ruby>練習<rt>れんしゅう</rt></ruby>すれば＿＿、<ruby>上手<rt>じょうず</rt></ruby>になります。

1）<ruby>辞書<rt>じしょ</rt></ruby>を ＿＿＿＿＿＿＿＿＿＿、<ruby>日本語<rt>に ほん ご</rt></ruby>の<ruby>新聞<rt>しんぶん</rt></ruby>が<ruby>読<rt>よ</rt></ruby>めます。

2）＿＿＿＿＿＿＿＿＿＿、<ruby>手伝<rt>て つだ</rt></ruby>いますよ。

3）<ruby>今<rt>いま</rt></ruby>すぐ<ruby>家<rt>いえ</rt></ruby>を ＿＿＿＿＿＿＿＿＿＿、<ruby>次<rt>つぎ</rt></ruby>の<ruby>電車<rt>でんしゃ</rt></ruby>に<ruby>間<rt>ま</rt></ruby>に<ruby>合<rt>あ</rt></ruby>います。

4）<ruby>明日天気<rt>あした てん き</rt></ruby>が ＿＿＿＿＿＿＿＿＿＿、<ruby>泳<rt>およ</rt></ruby>ぎに<ruby>行<rt>い</rt></ruby>きます。

5）＿＿＿＿＿＿＿＿＿＿、<ruby>入場料<rt>にゅうじょうりょう</rt></ruby>をはらわなくてもいいです。

6）質問の意味が _____、答えられませんから、質問をよく読

んでください。

3歳以下です　わかりません　使います　出ます

~~練習します~~　いいです　忙しいです

☞11. 時間があったら

39 道がわからなくなってしまった　길을 알 수 없게 되었어

どう使う？

「~てしまう（~해 버리다, ~하고 말다）」는 말하는 사람의 '안타까움·곤란함·유감스러움' 등의
기분을 나타낼 때 쓰는 표현이다.

V-て ＋ しまう

① 電車の中にかさを忘れてしまいました。
② A：どうしたんですか。元気がありませんね。
　　B：友だちとけんかをしてしまったんです。
③ あーあ、バスが行ってしまった。

やってみよう！

정답 별책 P.5

> 例　新しいデジカメなのに、もう ＿＿こわれて＿＿ しまいました。

1）田中さんに借りた本を _____ しまいました。
2）友だちと会うやくそくをしましたが、時間に _____ しまいました。
3）地図を持っていきましたが、道に _____ しまいました。
4）クラスの先生の名前を _____ しまいました。

~~こわれます~~　遅れます　なくします　まよいます　忘れます

☞10. 全部食べてしまった

40 ガイドブックに書いてあります　가이드북에 쓰여 있어요

どう使う？

「～てある(～되어 있다)」は事物가 어떤 상태로 그곳에 있는지 설명할 때 쓰는 표현이다.

V-て ＋ ある

① A：いんかん、どこにある？

B：引き出しにしまってあるよ。

② 駅前のラーメン屋のかべには、有名人のサインがたくさんはってある。

③ ここに置いてあるパンフレット、もらってもいいですか。

④ A：この店、何という名前ですか。

B：ここに、店の名前が書いてありますよ。「ささのゆき」です。

やってみよう！

정답 별책 p.5

例 今日の午後、パーティーをするので、じゅんびをしました。
いろいろな料理が（　作って　）あります。

１）テーブルの上に花が（　　　　　　　　）あります。

２）かべに紙が（　　　　　　　　）あります。

３）お皿とコーヒーカップが（　　　　　　　　）あります。

４）冷蔵庫にケーキが（　　　　　　　　）あります。

41　大丈夫でしょう　　괜찮겠지요

どう使う？

「〜でしょう(〜이겠지요)」는 어떤 것에 대해 확실하진 않지만 그럴 것이라고 추측할 때 쓰는 표현이다.

PI ＋ でしょう

[**なA** だ　**N** だ]

①明日はよくはれて、あたたかいでしょう。

②あのホテルは遠いですから、歩いて20分では行けないでしょう。

③鈴木さんは頭がよくて、まじめだから、明日の試験もいい点を取るでしょう。

やってみよう！

정답 별책 P.5

> 例　今晩、雪が　＿＿降る＿＿　でしょう。

１）Ａ：アンケートの結果は明日までにわかりますか。

　　Ｂ：まだ、データがたくさんのこっていますから、＿＿＿＿＿＿＿　でしょう。

　　　　２、３日待ってください。

２）Ａ：お客さん、遅いですね。

　　Ｂ：さっき、駅から電話がありましたから、もうすぐ　＿＿＿＿＿＿

　　　　でしょう。

３）あのホテルのレストランはいつもお客がたくさんいますから、

　　きっと　＿＿＿＿＿＿＿　でしょう。

4）A：明日試験がありますか。

　　B：今日、試験がありましたから、明日は ＿＿＿＿＿＿＿＿ でしょう。

ありません　来ます　むりです　降ります　おいしいです

☞33. おいしそうでしょう？

5 ハイキングの計画 (2)

하이킹 계획 (2)

본문 해석 보기

できること

● 여행 계획을 짜며 준비물이나 희망사항 등에 대해 말할 수 있다.

🔊 24

キム：高尾山へはどうやって行くんですか。

高橋：新宿から電車です。いろいろ調べて**おきます**ね。

キム：ありがとうございます。

高橋：土曜日、いい天気だ**といいです**ね。

キム：ええ。ほかにも行きたい人がいる**かもしれません**。みんなを
　　　さそってみましょう。

高橋：そうですね。みんながいっしょだと、もっと楽しいですね。

キム：じゃ、私がメールします。「土曜日に高橋さんと高尾山へ行く
　　　ことになりました。みなさん、
　　　いっしょに行きませんか」
　　　と書けばいいですか。

高橋：ええ、いいと思います。

34
〜
45

42 調べておきます　조사해 놓을게요

どう使う？

「～ておく（～해 두다, ～해 놓다）」는 어떤 목적을 위해 미리 무언가를 준비해 둔다고 말할 때 쓰는 표현이다. 뒷정리를 하는 것도 다음을 위한 사전 준비이므로 동일하게 사용한다.

V-て + おく

① 旅行に行く前に、ホテルをよやくしておきます。

② パーティーの前に、料理を作っておきます。

③ 山に登る前に、天気よほうを聞いておいたほうがいいですよ。

④ パーティーが終わったら、テーブルの上をきれいにしておいてください。

やってみよう！

정답 별책 P.5

> **例** 友だちが来る前に、部屋を ___そうじして___ おきます。

1) 旅行の前に、ガイドブックを ＿＿＿＿＿＿＿ おきます。

2) ひっこす前に、電気や水道の会社にちゃんと ＿＿＿＿＿＿＿ おいてくだ
さいね。

3) 留学する前に、その国の言葉や習慣を ＿＿＿＿＿＿＿ おいたほうがい
いですよ。

4) 試験の前に、学校で習ったことをよく ＿＿＿＿＿＿＿ おいてください。

そうじします　れんらくします　復習します　勉強します　読みます

☞50. そのままにしておいた

43　いい天気だといいですね　날씨가 좋으면 좋겠네요

どう使う？

「〜といい（〜하면 좋겠다）」는 그렇게 되면 좋겠다는 희망사항을 말할 때 쓴다. 듣는 사람과 혹은
듣는 사람과 말하는 사람 모두의 희망을 말할 땐 「〜ね」를, 말하는 사람만의 희망은 「〜なあ」를
끝에 붙여 말한다.

PI + といい

[현재형만 접속 가능]

① A：明日は運動会だね。

　　B：そうだね。雨が降らないといいね。

② A：今日は大学のパーティーがあるんです。

　　B：そうですか。日本人とたくさん話せるといいですね。

③ A：来週のテスト、かんたんだといいなあ。

　　B：そんなこと言わないで、勉強したほうがいいよ。

やってみよう！

정답 별책 p.5

例　お母さんの病気、早く　＿＿よくなる＿＿　といいですね。

1）A：今、仕事をさがしているんです。

　　B：そうですか。早く　＿＿＿＿＿＿　といいですね。

2）A：明日ハイキングに行くんです。

　　B：そうですか。天気が　＿＿＿＿＿＿　といいですね。

3）今年も大学からしょうがく金が　＿＿＿＿＿＿　といいね。

4）A：今度の試合、＿＿＿＿＿＿　といいなあ。

　　B：がんばってね。

~~よくなります~~　いいです　かてます　見つかります　もらえます

 Plus

～たらいい／～ばいい

「～といい（~하면 좋겠다）」와 같은 의미로「～たらいい」「～ばいい」도 사용된다.

①A：人間が空を飛べたらいいなあ。

　　B：そうだね。

②A：早く今の仕事が終わればいいね。

　　B：うん。ちょっと大変な仕事だからね。

44　行きたい人がいるかもしれません
가고 싶은 사람이 있을지도 몰라요

どう使う？

「〜かもしれない(〜일지도 모른다)」는 어떤 것이 일어날 가능성이 있음을 말할 때 쓰는 추측 표현이다. 일어날 확률은 높을 수도 있고 낮을 수도 있다.

PI ＋ かもしれない

[**なA** だ　**N** だ]

① 今晩、雨が降るかもしれませんね。

② 来週は忙しいから、パーティーに行けないかもしれません。

③ あの2人はにているから、兄弟かもしれません。

やってみよう！

정답 별책 P.6

> 例　来週バス旅行に行きます。気分が　＿＿悪くなる＿＿　かもしれないから、
> 薬を持っていきます。

1）今日のテストはかんたんだったから、＿＿＿＿＿＿＿　かもしれません。

2）A：あ！　さいふがない！

　　B：どこかに ＿＿＿＿＿＿＿ かもしれないよ。よくさがしてみて！

3）A：今日、佐藤さん、いないんですか。

　　B：ええ。＿＿＿＿＿＿＿ かもしれませんね。

4）A：部長、まだ来ませんね。

　　B：ええ、会議の時間を ＿＿＿＿＿＿＿ かもしれないので、電話してみ
　　　ます。

忘れています　100点です　病気です　あります　~~悪くなります~~

---

45 行くことになりました　가게 되었어요

どう使う？

「〜ことになる(〜하게 되다)」는 외부의 결정으로 인해 어떤 것을 하게 되었다고 말할 때 쓰는 표현이다.

V-る
V-ない ┐ + ことになる

① 来月ニューヨークへてんきんすることになりました。
② 私の会社はベトナムに新しい工場を作ることになった。

やってみよう！

정답 별책 P.6

例　今年の会社の旅行は箱根へ　＿＿行く＿＿　ことになりました。

1) 青木さんは来月オーストラリアに ＿＿＿＿＿＿＿＿ ことになりました。

2) この公園の中に図書館を ＿＿＿＿＿＿＿＿ ことになった。

3) この大学は、今年から英語で試験が ＿＿＿＿＿＿＿＿ ことになりました。

4) 部長が病気で休みなので、今日は会議を ＿＿＿＿＿＿＿＿ ことになりました。

留学します　~~行きます~~　受けられます　しません　作ります

☞ 21. あげることにします

정답 별책 P.13

もんだい1 <문장 완성>

___★___ に 入る ものは どれですか。1・2・3・4から いちばん いい ものを 一つ えらんで ください。

1　今日は ＿＿＿＿ ＿＿＿＿ ＿★＿ ＿＿＿＿ かもしれません。

　　1 富士山が　　**2** 見えない　　**3** ので　　**4** くもっている

2　道が こんで いるので、空港まで ＿＿＿＿ ＿＿＿＿ ＿★＿ ＿＿＿＿ です。

　　1 2時間　　**2** そう　　**3** かかり　　**4** くらい

3　天気が ＿＿＿＿ ＿＿＿＿ ＿★＿ ＿＿＿＿ します。

　　1 ちゅうし　　**2** 明日の　　**3** ハイキングは　　**4** 悪ければ

4　明日、大切な お客さんが 来ますから、＿＿＿＿ ＿＿＿＿ ＿★＿ ＿＿＿＿ ください。

　　1 して　　**2** そうじ　　**3** おいて　　**4** じむしょを

5　旅行のとき、＿＿＿＿ ＿＿＿＿ ＿★＿ ＿＿＿＿ しまいました。

　　1 なくして　　**2** もらった　　**3** 父に　　**4** カメラを

もんだい2 <글의 문법>

1 ～ 4 に 何を 入れますか。1・2・3・4から いちばん いい ものを 一つ えらんで ください。

今日、高橋さんに 山のぼりに さそわれた。山に のぼるのは　1　そうだから、ほんとうは 行きたくなかった。でも、ケーブルカーを 使って　2　、だいじょうぶだと 聞いて、　3　ことに した。高橋さんは 毎日 ジョギングして いる らしい。山のぼりに 行く 前に、私も 少し　4　ほうが いいかなあ。

1　**1** たいへん　　**2** おもしろ　　**3** 楽　　**4** かんたん

2　**1** のぼる　　**2** のぼって　　**3** のぼれば　　**4** のぼった

| 3 | **1** 行かない | **2** 行く | **3** 行ける | **4** 行った |

4	**1** 運動して いた	**2** 運動しない ことに した
	3 運動して おいた	**4** 運動しそうだった

もんだい3 〈청해〉

1 まず しつもんを 聞いて ください。それから 話を 聞いて、もんだいようしの 1から 4の 中から、いちばん いい ものを 一つ えらんで ください。

　　1　レストランの よやくを した　　　　　　　　　🔊 25
　　2　鈴木さんの うちへ 行った
　　3　レストランへ 行った
　　4　12時に 駅へ 行った

2 このもんだいでは えなどが ありません。まず、ぶんを 聞いて ください。それから、そのへんじを 聞いて、1から 3の 中から、いちばん いい ものを 一つ えらんで ください。

1	**1**	**2**	**3**	🔊 26
2	**1**	**2**	**3**	🔊 27
3	**1**	**2**	**3**	🔊 28

6 木の上の子ねこ (1)

나무 위의 아기 고양이 (1)

본문 해석 보기

できること

● 친구에게 상황 설명을 요구할 수 있다.
● 친구에게 곤란한 상황을 설명할 수 있다.

🔊 29

佐藤：あれ、手、どうしたの？ 赤くなっているようだけど…。
　　　病院へ行ったほうがいいんじゃない？
鈴木：うん。さっき、子ねこにかまれたんだ。
佐藤：え？ かまれた!?
鈴木：うん…。

46　どうしたの？　　무슨 일이야?

どう使う？

친구들과의 대화에서 사정을 묻거나 설명할 때, 「〜んです(〜인 것입니다)」 대신에 「〜の・〜んだ(〜인 거야)」를 사용한다. 「〜の」는 여성이 사용하는 경우가 많다.

PI ＋ の／んだ

[**なA** だな　　**N** だな]

① A：今日どうして来なかったの？

　　B：うん、ちょっと頭が痛かったんだ。

② A：これ、おいしくなかった？

　　B：そうじゃなくて、今、おなかすいてないの。

③ A：佐藤さんは大学生なんだよ。

　　B：え？　そうなんだ。

47　赤くなっているようだ　　빨개진 것 같아

どう使う？

「〜ようだ(〜인 것 같다)」는 보이거나 들리는 것 혹은 만졌을 때의 감촉이나 냄새 등으로부터 느낀 것을 말할 때 사용한다.

PI ＋ ようだ

[**なA** だな　　**N** だの]

① A：教室の電気がついていますよ。

　　B：だれかいるようですね。

② A：外は雨が降っているようですね。

　　B：そうですね。かなりひどい雨のようですよ。

③ この薬を飲んで、体の調子が少しよくなったようです。

④ A：この肉、ちょっと古いようだけど、食べても大丈夫かな。

　　B：ちゃんとやけば食べられると思うよ。

やってみよう！

例 A：佐藤さんがいないんですが…。

B：かばんがありませんね。もううちへ ___帰った___ ようですよ。

1）ねつがあって、頭が痛いんです。どうもかぜを _____ ようです。

2）A：たくやくんの声がしますね。

B：ええ。外で元気に _____ ようです。

3）A：山田さんは野菜をぜんぜん食べていませんでしたね。

B：野菜が _____ ようですね。

4）A：田中さん、田中さーん。部屋にいないのかな？

B：ええ。 _____ ようですね。

るすです　帰ります　あそびます　ひきます　きらいです

☞3. 作ったんですか

48　行ったほうがいいんじゃない？　　가는 게 좋지 않아?

どう使う？

「～んじゃない？（～지 않아?）」는 '나는 ～라고 생각하는데, 당신도 그렇게 생각하죠?'라는 뉘앙스를 담아 상대방의 의견을 묻고자 할 때 사용하며, 부정의 의미는 없다.

PI ＋ んじゃない？

[なA だな　N だな]

① A：山川さん、まだ来ないね…。

B：うん。今日は来ないんじゃない？

② A：あのレストランで食事しませんか。

B：でも、電気がついていないから、休みなんじゃないですか。

③ あまりお酒を飲まないほうがいいんじゃないですか？

やってみよう！

例 A：これも 100 円かな？

B：うん。この店はどれも ___100円な___ んじゃない？

1）A：このネクタイどうかな。

B：うーん。ちょっと _____ んじゃない？

2）A：あれ。ノートがない。

B：持ってくるのを _____ んじゃないですか？

3）A：そろそろお客さまにデザートを出そうか。

B：まだちょっと _____ んじゃない？

4）A：早く出かけたほうが _____ んじゃない？

B：10時までに着けばいいんだから、まだ大丈夫だよ。

~~100円です~~　忘れます　いいです　はでです　早いです

49　子ねこにかまれたんだ　아기 고양이에게 물렸어

どう使う？

다른 사람의 일이나 행동으로 인해 피해를 입거나 좋지 않은 기분이 들었을 때 수동형을 사용한다.

❗ 수동형 문장은 '[사람] に [사물] を [수동형]'이다.

~~私の服は弟によごされた。~~　⇒　◯ 私は弟に服をよごされた。

① 私は犬に手をかまれました。

② 兄はどろぼうにさいふをとられました。

③ 私は子どものとき、母にまんがの本を捨てられました。

④ 会社から帰ってくる途中、雨に降られました。

⑤ 会議の前に急ぎの仕事を頼まれて、会議にちこくしてしまった。

やってみよう！

정답 별책 P.6

例

1)

2)

3)

4)

例	私は犬にくつを ___持っていかれ___ ました。

1）私はとなりの人に足を ＿＿＿＿＿＿ ました。

2）私はつまにメールを ＿＿＿＿＿＿ ました。

3）子どもにパソコンを ＿＿＿＿＿＿、困りました。

4）きのうの晩、子どもに ＿＿＿＿＿＿、寝られませんでした。

泣きます　見ます　こわします　ふみます　~~持っていきます~~

「～られる」と「～てもらう」

다른 사람의 행위로 인해 피해를 입거나 당혹감을 표현할 때는 수동형 「～られる(~당하다)」를 사용하고, 감사함을 느꼈을 때는 상대에 대한 고마움의 의미가 담긴 「～てもらう(~해 주다)」를 쓰는 것이 일반적이다.

私は兄に、メールを見られました。

私は兄に、スピーチの作文を直してもらいました。

やってみよう！

정답 별책 P.6

1）たんじょう日に鈴木さんにピアノを（ひいてもらいました・ひかれました）。とてもすてきな曲でした。

2）ルームメイトに大きい音でテレビを（見てもらって・見られて）、うるさくて勉強できなかった。

3）山田さんに北海道へ（連れていってもらいました・連れていかれました）。北海道は広くてきれいなところでした。また行きたいです。

4）荷物が重くて大変だったので、友だちに少し（持たれました・持ってもらいました）。

5）だれかにかさを（持っていかれて・持っていってもらって）、困りました。

👉14. けっこん式にしょうたい**された**
29. かめがかざ**られて**います

6 木の上の子ねこ (2)

나무 위의 아기 고양이 (2)

본문 해석 보기

できること

● 친구에게 상황을 설명하거나 감상 등을 말할 수 있다.
● 부상 등을 입은 친구를 배려하고, 조언을 할 수 있다.

🔊 30

鈴木：子ねこが木の上でニャーニャーないていたんだ。

佐藤：その子ねこ、木に登って、降りられなかったのね。

鈴木：うん。そのまま*にしておいたら、おちそうだったんだけど、下から手をのばしてもとどかなかったから、ぼくも木に登って…。

佐藤：それで子ねこがびっくりして、かんだのね。

鈴木：まあ、子ねこがけがをしなくて、よかったけど。

佐藤：やさしいのはいいけど、鈴木くん、やさしすぎるよ。そのけが、悪くならないように、病院へ行ったほうがいいよ。

鈴木：ちょっとかまれただけだし、もうそんなに痛くないし、大丈夫だよ。

 *そのまま ：'(그냥) 그대로'라는 의미이다.

50 そのままにしておいた　그대로 두었어

どう使う？

「～ておく(～해 두다)」는 지금의 상태를 바꾸지 않고 지속시킬 때 사용한다.

V-て ＋ おく

① A：この資料、片付けてもいいですか。

　　B：まだ使いますから、そのままにしておいてください。

② A：会議室のエアコン、消しましょうか。

　　B：1時から会議ですから、つけておいてください。

③ ドアを少し開けておけば、子ねこがいつでも部屋に入れます。

やってみよう！

정답 별책 P.6

1) A：テーブルの上の飲み物、どうしますか。

　　B：あとで片付けますから、（出しておいて・しまっておいて）ください。

2) A：よごれたお皿はどうしますか。

　　B：私が洗いますから、（洗っておいて・置いておいて）

　　　ください。

3) A：まど、閉めましょうか。

　　B：そうじしたあとで閉めますから、

　　　（閉めておいて・開けておいて）ください。

☞ 42. 調べておきます

51 おちそうだった　떨어질 것 같았어

どう使う？

「～そうだ(～할 것 같다)」는 동작이나 변화가 일어나기 직전에 이제 곧 일어날 것 같다고 말할 때 사용한다.

V-ます ＋ そうだ

① 空が暗くなってきた。雨が降りそうです。

② あの子は今にも泣きそうです。
③ 強い風がふいています。木がたおれそうです。

정답 별책 P.6

例	1)	2)	3)	4)

例 ふくろが （　やぶれ　）　そうです。

1) 風で火が　（　　　　　　）　そうです。

2) ガソリンが　（　　　　　　）　そうです。

3) ズボンのポケットからさいふが　（　　　　　　）　そうです。

4) やくそくの時間に　（　　　　　　）　そうです。

☞　2.　おいし**そうですね**
　37.　疲れ**そうです**
　81.　いんたいされる**そうです**

52　手をのばし**ても**　손을 뻗어도

どう使う？

「～ても、…(～해도, …)」는 평소 생각과 반대인 것을 말할 때 사용한다. 「どんなに(아무리)・たとえ(설령)・いくら(아무리)」등과 함께 사용하면 강조의 의미가 된다.

동사	聞く 読む 食べる する	聞いても 読んでも 食べても しても	聞かなくても 読まなくても 食べなくても しなくても
い형용사	高い いい	高くても ＊よくても	高くなくても ＊よくなくても
な형용사	ひま	ひまでも	ひまでなくても ひまじゃなくても

명사	<ruby>雨<rt>あめ</rt></ruby>	<ruby>雨<rt>あめ</rt></ruby>でも	<ruby>雨<rt>あめ</rt></ruby>でなくても <ruby>雨<rt>あめ</rt></ruby>じゃなくても

① A：<ruby>雨<rt>あめ</rt></ruby>でも<ruby>海<rt>うみ</rt></ruby>へ<ruby>行<rt>い</rt></ruby>きますか。

　 B：はい、<ruby>雨<rt>あめ</rt></ruby>が<ruby>降<rt>ふ</rt></ruby>っても<ruby>行<rt>い</rt></ruby>きます。

② <ruby>高<rt>たか</rt></ruby>くても、いいパソコンがほしい。

③ <ruby>今度<rt>こんど</rt></ruby>のパーティーは<ruby>申<rt>もう</rt></ruby>し<ruby>込<rt>こ</rt></ruby>まなくても、<ruby>参加<rt>さんか</rt></ruby>できます。

やってみよう！

정답 별책 P.6

> **例** A：<ruby>2月<rt>がつ</rt></ruby>になったら、<ruby>雪<rt>ゆき</rt></ruby>が<ruby>降<rt>ふ</rt></ruby>りますか。
>
> 　 B：いいえ。（　<ruby>2月<rt>がつ</rt></ruby>になっても　）、<ruby>東京<rt>とうきょう</rt></ruby>ではあまりたくさん<ruby>降<rt>ふ</rt></ruby>りません。

1）A：<ruby>急<rt>いそ</rt></ruby>いで<ruby>行<rt>い</rt></ruby>って、<ruby>次<rt>つぎ</rt></ruby>の<ruby>電車<rt>でんしゃ</rt></ruby>に<ruby>乗<rt>の</rt></ruby>りましょう。

　 B：<ruby>今<rt>いま</rt></ruby>から（　　　　　　　　　）、<ruby>間<rt>ま</rt></ruby>に<ruby>合<rt>あ</rt></ruby>いませんよ。

2）A：<ruby>私<rt>わたし</rt></ruby>はまだ<ruby>日本語<rt>にほんご</rt></ruby>があまり<ruby>上手<rt>じょうず</rt></ruby>じゃないんですが、<ruby>大丈夫<rt>だいじょうぶ</rt></ruby>ですか。

　 B：ええ。<ruby>日本語<rt>にほんご</rt></ruby>が（　　　　　　　　　）、<ruby>大丈夫<rt>だいじょうぶ</rt></ruby>ですよ。

3）A：<ruby>英語<rt>えいご</rt></ruby>ができなかったら、この<ruby>仕事<rt>しごと</rt></ruby>はできませんか。

　 B：<ruby>大丈夫<rt>だいじょうぶ</rt></ruby>です。（　　　　　　　　　）、この<ruby>仕事<rt>しごと</rt></ruby>はできますよ。

4）A：<ruby>車<rt>くるま</rt></ruby>だったら、<ruby>駅<rt>えき</rt></ruby>まで<ruby>10分<rt>ぷん</rt></ruby>で<ruby>行<rt>い</rt></ruby>けますか。

　 B：いいえ。<ruby>遠<rt>とお</rt></ruby>いので、（　　　　　　　　　）<ruby>10分<rt>ぷん</rt></ruby>では<ruby>行<rt>い</rt></ruby>けません。

5）A：こちらの<ruby>部屋<rt>へや</rt></ruby>はいかがですか。ちょっと<ruby>古<rt>ふる</rt></ruby>いですが<ruby>広<rt>ひろ</rt></ruby>いですよ。

　 B：いいですね。（　　　　　　　　　）、<ruby>広<rt>ひろ</rt></ruby>いほうがいいです。

「의문사＋〜ても／でも」는 '항상・어떤 경우라도・전부'라는 의미로 사용된다.

① いつ<ruby>行<rt>い</rt></ruby>っても、<ruby>彼<rt>かれ</rt></ruby>はるすです。

② この<ruby>文<rt>ぶん</rt></ruby>は<ruby>難<rt>むずか</rt></ruby>しくて、<ruby>何回<rt>なんかい</rt></ruby><ruby>読<rt>よ</rt></ruby>んでも、わかりません。

③ <ruby>彼<rt>かれ</rt></ruby>はどんなスポーツでもできます。

④ <ruby>生活<rt>せいかつ</rt></ruby>や<ruby>勉強<rt>べんきょう</rt></ruby>がどんなに<ruby>大変<rt>たいへん</rt></ruby>でも、<ruby>私<rt>わたし</rt></ruby>は<ruby>留学<rt>りゅうがく</rt></ruby>したい。

46〜56

やってみよう！

> 例　木村さんはどこに行ったのだろう。 ___だれ___ に聞いても知ら
> ないと言う。

1) 自転車のかぎをなくしてしまって、_____ をさがしても見つか
らない。

2) おなかがすいているときは、_____ を食べてもおいしいと思う。

3) 山中さんは _____ 会っても元気にあいさつしてくれる。

だれ　　どこ　　何　　いつ

「〜のに」と「〜ても」

「〜のに(〜인데)」는 어떤 사실에 대한 놀라움이나 후회, 불만의 의미를 나타내지만, 「〜ても(〜하더라도)」는 감정을 담지 않고 사실만을 말할 때 사용한다.

① 雨なのに、ゴルフをしたんですか。
② 雨でも、サッカーの試合はありますよ。

☞15. けっこん式は6月なのに

53　けがをしなくて、よかった　다치지 않아서 다행이야

どう使う？

「〜て、…(〜해서…)」는 '〜의 이유로 …와 같은 상태가 되었다'라고 말할 때 사용한다. 뒤에는 감정이나 불가능을 나타내는 말이 오는 경우가 많다.

동사	する	して	しなくて
い형용사	高い	高くて	高くなくて
な형용사	ひま	ひまで	ひまじゃなくて
명사	雨	雨で	雨じゃなくて

① けっこん式でひさしぶりに友だちに会えて、楽しかったです。

② 遅れて、すみません。なかなか仕事が終わらなくて…。

③ 最近暑くて、よく寝られません。

④ この説明書はふくざつで、よくわかりません。

⑤ A：先生、すみません。きのうは用事があって学校を休みました。

　 B：そうですか。病気じゃなくてよかったけど、ちゃんとれんらくしてくださ
　　　いね。

やってみよう！

정답 별책 p.6

> 例　たくさん　＿＿歩いて＿＿、足が痛くなりました。

1）電車が　＿＿＿＿＿＿＿＿、困っています。

2）今日は　＿＿＿＿＿＿＿＿、学校が休みになりました。

3）お金が　＿＿＿＿＿＿＿＿、何も買えません。

4）日本へ来て、町が　＿＿＿＿＿＿＿＿、おどろきました。

5）この料理は　＿＿＿＿＿＿＿＿、食べられません。

46
〜
56

| からいです　歩きます　止まります　あります　台風です　きれいです |

!

1　「〜て」뒤에는「〜てください(~해 주세요)」「〜しろ(~해)」「〜ませんか(~하지
않을래요?)」처럼 의뢰・명령・허가・권유 등 말하는 사람의 의지를 나타내는 말은
올 수 없다.
　　寒くて、まどを閉めて ~~ください~~ 。

2　「〜なくて(~않아서)」는 원인・이유를 나타낸다.「〜ないで(~하지 않고, ~하지 않
은 채로)」는 그 상태 그대로 다음 행동을 할 때 사용한다.
　　① 宿題をしないで、寝た。
　　② 宿題をしなくて、先生にしかられた。

☞9. かわをむか**ないで**

どう使う?

「~すぎる(지나치게 ~하다)」는 딱 알맞은 정도가 아니라, 그 수준을 넘어서 곤란하다고 말할 때 사용한다.

| V-ます |
| いA ~~い~~ | + すぎる
| なA |

いい → よすぎる

① おいしかったので、食べすぎてしまいました。
② かばんに荷物を入れすぎたので、重くて、持てません。
③ このパズルはふくざつすぎて、できません。
④ ベッドが大きすぎて、部屋に入りませんでした。

やってみよう！

정답 별책 P.7

| 例 | 先月はお金を ___使い___ すぎたから、今月は使わないようにします。 |

1) 食べ物を ＿＿＿＿＿＿＿ すぎて、冷蔵庫の中に全部入りません。
2) きのうお酒を ＿＿＿＿＿＿＿ すぎて、今日は頭が痛いです。
3) このおかしは ＿＿＿＿＿＿＿ すぎて、あまりおいしくない。
4) この問題は ＿＿＿＿＿＿＿ すぎて、おもしろくないです。
5) テレビの音が ＿＿＿＿＿＿＿ すぎるから、もっと小さくしてください。

| 使います　あまいです　大きいです　買います　かんたんです　飲みます |

「~すぎ(지나치게 ~함)」라는 형태로 명사가 되기도 한다.
① 食べすぎ飲みすぎは、体によくありません。
② 日本人は働きすぎだと言われています。

55 悪くならないように　나빠지지 않도록

どう使う？

「～ように、…(～하도록…)」는 바람직한 상황이 되도록 어떤 행동을 한다고 말할 때 사용한다.

V-る
V-ない ＋ ように
V-できる

① やくそくの時間に遅れないように、早く家を出ました。
② 子どもが食べられるように、小さく切ります。
③ 留学生にもわかるように、かんたんな言葉で説明してください。
④ きれいな花が咲くように、毎日水をやります。

やってみよう！

정답 별책 P.7

例　電話番号を　＿＿忘れない＿＿　ように、ノートに書いておきます。

46
〜
56

1) みんなに ＿＿＿＿＿＿ ように、大きい声で話してください。
2) 寒いですから、かぜを ＿＿＿＿＿＿ ように、気をつけてください。
3) 6時の電車に ＿＿＿＿＿＿ ように、早く起きました。
4) 体が丈夫に ＿＿＿＿＿＿ ように、毎日運動しています。
5) 日本の歌が上手に ＿＿＿＿＿＿ ように、毎日練習しています。

間に合います　聞こえます　歌います　なります　ひきます　忘れます

56 ちょっとかまれただけだし、もう痛くないし
살짝 물렸을 뿐이고, 이제 아프지 않아서

どう使う？

「～し、…し(～하고 …해서)」는 한 가지 사항에 두 가지 이상의 설명을 덧붙일 때 사용한다. 원인
・이유를 말할 때 쓰는 경우가 많으며, 한 가지 사항만 말하는 경우도 있다.

PI ＋ し

① あのレストラン、料理^{りょうり}はおいしいし、安^{やす}いし、おすすめですよ。

② A：映画^{えいが}、見^みに行^いかない？

　　B：ごめん。今日^{きょう}はむり。ゼミの発表^{はっぴょう}のじゅんびもあるし、レポートも書^かかな

　　　　ければいけないし…。

③ 今^{いま}の部屋^{へや}はせまいし、駅^{えき}から遠^{とお}いし、ひっこしたいと思^{おも}っているんです。

④ A：どうして山田先生^{やまだせんせい}が好^すきなんですか。

　　B：ねっしんだし、おもしろいし、それに親切^{しんせつ}ですから。

やってみよう！

정답 별책 P.7

例^{れい} コーヒーも ＿＿おいしい＿＿ し、店員^{てんいん}さんも ＿＿親切^{しんせつ}だ＿＿ し、よくこの

店^{みせ}に来^きます。

---

1) A：ここはいいところですね。

　　B：そうですね。きれいなけしきも ＿＿＿＿＿＿＿＿ し、

　　　　おんせんも ＿＿＿＿＿＿＿＿ し、とてもいいホテルですね。

2) A：こちらのかばんはいかがですか。

　　B：そうですね。＿＿＿＿＿＿ し、サイズもちょうど ＿＿＿＿＿＿ し…。

　　　　じゃ、これにします。

~~おいしいです~~　軽^{かる}いです　~~親切^{しんせつ}です~~　あります　いいです　見^みられます

---

3) A：高橋^{たかはし}さんはどんな人^{ひと}ですか。

　　B：いい人^{ひと}ですよ。英語^{えいご}も ＿＿＿＿＿＿＿ し、＿＿＿＿＿＿＿ し、

　　　　それにやさしいですよ。

4) 今日^{きょう}は ＿＿＿＿＿＿＿ し、天気^{てんき}も ＿＿＿＿＿＿＿ し、どこかへあそび

　　に行^いきたいですね。

できます　日曜日^{にちようび}です　いいです　まじめです

100

まとめの問題

정답 별책 P.14

もんだい１　〈문장 완성〉

___★___ に 入る ものは どれですか。1・2・3・4から いちばん いい ものを 一つ えらんで ください。

__1__　A：この 電車、すずしいですね。

B：ええ。_____ _____ ___★___ _____ ね。

1 ようです　　　　**2** エアコンが　　　**3** いる　　　　**4** ついて

__2__　A：かぜ、なおった？ 明日の試合、だいじょうぶ？

B：うん。たとえ _____ _____ ___★___ _____ しんぱいしないで。

1 下がらなくても **2** 試合には　　　**3** 出るから　　　**4** ねつが

__3__　きのう カラオケで _____ _____ ___★___ _____ です。

1 のどが　　　　**2** すぎて　　　　**3** 歌い　　　　**4** いたい

__4__　箱根へ _____ _____ ___★___ _____ しました。

1 富士山が　　　**2** 行ったのに　　**3** がっかり　　　**4** 見えなくて

__5__　ホームから _____ _____ ___★___ _____ つけることにしました。

1 ホームドアを **2** ように　　　**3** おちない　　　**4** 人が

__6__　台風が 来るから、今日は _____ _____ ___★___ _____ ですか。

1 いい　　　　**2** んじゃない　　**3** ほうが　　　**4** 出かけない

もんだい２　〈글의 문법〉

__1__ ～ __4__ に 何を 入れますか。1・2・3・4から いちばん いい ものを 一つ えらんで ください。

今日、鈴木くんに 会ったとき、手が 赤く __1__ おどろいた。木から おりられ なくなった 子ねこを たすけに 行って 子ねこに __2__ らしい。鈴木くんは、子

ねこが けがを しなくて よかったと 言って いたけど、鈴木くんは 　3　 から、とても しんぱいだ。むりを しない 　4　 言ったけど…。

1	**1** なって いたら		**2** なって いても	
	3 なって いると		**4** なって いて	

2	**1** かんだ	**2** かんで	**3** かまれた	**4** かませた

3	**1** やさし すぎる		**2** やさし すぎて	
	3 やさし そうだ		**4** やさしい そうだ	

4	**1** ように	**2** のに	**3** ので	**4** から

もんだい3　<청해>

1　まず しつもんを 聞いて ください。それから 話を 聞いて、もんだいようしの 1から 4の 中から、いちばん いい ものを 一つ えらんで ください。

1	**1** 道を まちがえられた こと	🔊 31
	2 お金が 足りなく なった こと	
	3 カードで はらった こと	
	4 その国の ことばが 話せなかった こと	

2	**1** 女の 人に かえす	**2** 女の 人に かす	🔊 32
	3 ほかの 友だちに かす	**4** ほかの 人に かりる	

2　このもんだいでは えなどが ありません。まず、ぶんを 聞いて ください。それから、そのへんじを 聞いて、1から 3の 中から、いちばん いい ものを 一つ えらんで ください。

1	**1**	**2**	**3**	🔊 33
2	**1**	**2**	**3**	🔊 34
3	**1**	**2**	**3**	🔊 35

7 大好きなピアノ (1)

제일 좋아하는 피아노 (1)

できること

● 취미나 배우는 것을 화제로, 주의 받았거나 실력이 향상된 경험을 말할 수 있다.

본문 해석 보기

🔊 36

山田：鈴木さん、しゅみはピアノですか。いいですね。何歳から始めたんですか。

鈴木：３歳からです。でも、はじめはあまり好きじゃなかったんです。

山田：へえ。

鈴木：父はピアニストなので、父に「あそびに行く**な**。練習**しろ！**」って毎日言われて、大変だったんです。

山田：お父さんはとてもきびしかったんですね。

鈴木：でも、父がねっしんに教え**てくれた**ので、難しい曲がひける**ようになった**んです。

山田：それでピアノが好きになったんですね。

---

57 ～ 67

57 あそびに行くな 놀러 가지 마

どう使う?

「～な(～하지 마)」는 해서는 안 된다고 강하게 말할 때 사용하는 금지 표현이다. 스포츠 경기를 응원할 때나 공공장소 경고문, 표지판 등의 문구로 사용하며, 남자 친구들끼리나 부모가 자녀에게 혹은 애완동물에게 주의를 줄 때도 자주 쓰인다. 다른 사람의 말을 전달할 때에도 사용한다.

V-る ＋ な

① 混ぜるな。危険。

② 負けるな～！

③ A：ぼくが花びんわったこと、ぜったいだれにも言うなよ。

B：わかったよ。言わないよ。

④ 「使用禁止」は使うなという意味です。

⑤ このマークはまっすぐ行くなという意味です。

⑥ 先生は授業のときは辞書を見るなと言います。

⑦ 美術館で写真を撮るなと言われました。

> ! 「～な(～하지 마)」는 강한 금지 표현이기 때문에, 윗사람이나 친하지 않은 사람에게 사용하면 실례가 된다.

やってみよう！

정답 별책 P. 7

 例

1)

2)

3)

4)

例 このマークは 洗濯機で（ 洗うな ）という意味です。

1）このマークは、ここで野球を（　　　　　　　）という意味です。

2）このマークはここに車を（　　　　　　　　）という意味です。

3）このマークはたばこを（　　　　　　　　）という意味です。

4）このマークは写真を（　　　　　　　　）という意味です。

58　練習しろ　연습해

どう使う?

「～しろ(～해)」 등의 명령형은 '반드시 해 주세요!'라고 강하게 명령할 때 사용한다. 스포츠 경기를 응원할 때나 공공장소 경고문, 표지판 등의 문구로 사용하며, 남자 친구들끼리나 부모가 자녀에게 혹은 애완동물에게 주의를 줄 때도 자주 쓰인다. 다른 사람의 말을 전달할 때에도 사용한다.

◎ 동사의 명령형

	사전형 V-る	명령형 V-しろ
Ⅰ그룹	急ぐ 行く 走る	急げ 行け 走れ
Ⅱ그룹	寝る 食べる 起きる	寝ろ 食べろ 起きろ
Ⅲ그룹	する 来る	しろ 来い

おこごそとのぼもろを
えけげせてねべめれえ
うくぐすつぬぶむるう
いきぎしちにびみりい
あかがさたなばまらわ

行く→け

食べる→ろ

① 赤の信号は止まれという意味です。

② がんばれ！ 打て！

③ 父はいつも私に、勉強しろと言う。

> !　「～しろ(～해)」는 강한 명령 표현이기 때문에, 윗사람이나 친하지 않은 사람에게 사용하면 실례가 된다.

57
～
67

정답 별책 P.7

やってみよう！

例 この道は危ないから、 __注意しろ__ よ！

1) もっとゆっくり _____ ！

2) 早くこっちへ _____ ！

3) 父はいつも私に部屋を _____ と言います。

4) このマークは、右へ _____ という意味です。　4)

来ます　曲がります　歩きます　片付けます　注意します

✚ Plus

～なさい

「 **V-ます** ＋ なさい(~하시오, ~하거라)」는 부모가 자녀에게, 선생님이 학생에게 명령을 할 때 사용한다. 명령형보다는 강하지 않은 표현이며, 시험의 지시문 등에서 자주 쓰인다.

① もう8時ですよ。早く起きなさい。

② ご飯はのこさないで、全部食べなさい。

③ 問題を読んで、答えなさい。

③
日本語テスト
名前
1 問題を
読んで答えなさい

59　って毎日言われて　~라고 매일 듣고

どう使う？

친구들과의 대화에서는 「～と言う(～라고 한다)・～と思う(～라고 생각한다)」에서 「と」 대신에 「って」를 사용한다.

PI ＋ って

① A：今日、佐藤さんは休みですか。

　 B：ええ、さっき、電話でかぜをひいたって言っていました。

② Ａ：入院していたって聞きましたけど、もう大丈夫なんですか。

　Ｂ：ええ。ありがとうございます。おかげさまで。

③ あそこに「車に注意！」って書いてありますよ。

④ いっしょに旅行に行こうって友だちとやくそくしたのに、仕事で行けなくなって

　しまいました。

友구들과의 대화에서는「～と言っていた(~라고 했어)」를「～って(~래, ~라던데)」만

으로도 들은 이야기를 전달할 수 있다.

① Ａ：小林さん、今日来られるって言っていた？

　Ｂ：ちょっと遅れてもよければ、大丈夫だって。

② Ａ：天気よほう、見た？

　Ｂ：うん。午後から雪が降るって。

やってみよう！

정답 별책 P.7

例　大川さん、この小説を書くのに１年かかったんだ（って・×）。

本当かな（って・×）？

1）ぼく、明日鈴木さんとプールへ行くんだ（って・×）。楽しみだなあ。

2）今日の最高気温は36度だ（って・×）テレビで言ってたよ。

3）佐藤さんに聞いたんだけど、こうやって作ると、おいしいんだ（って・×）。

4）Ａ：お父さん、夕方5時の飛行機だ（って・×）言っていたよ。

　Ｂ：じゃ、もうすぐ帰ってくるね。

60　教えてくれた　가르쳐 주었어

どう使う？

「～てくれる(~해 주다)」는 다른 사람이 자신을 위해 한 행동에 감사하다고 말할 때 사용한다.
「私に(나에게)」는 생략하는 경우가 많다.

V-て + **くれる**

① 子どものとき、祖母はよく私に本を読んでくれました。

② 友だちがコンサートにさそってくれたので、いっしょに行きました。

③ 兄はいつもサッカーを教えてくれます。

やってみよう！

정답 별책 P.7

1) 手伝って（もらって・あげて・くれて）、ありがとう。おかげで早く終わったよ。

2) 道がわからなくて困っていたとき、知らない人が親切に案内して

（もらった・あげた・くれた）んです。それが今の彼女です。

3) Ａ：ちょっとこの仕事を手伝って（もらい・あげ・くれ）たいんですが…。

Ｂ：いいですよ。

+ Plus

～をくれる・～をくださる

1　「くれる(주다)」는 선물로 무언가를 받았을 때 사용한다.

① 姉はいつも私におかしをくれます。

② たんじょう日に彼がネックレスをくれた。

③ Ａ：いいカメラだね。どこで買ったの？

　　Ｂ：たんじょう日に父がくれたんだ。

☞18. どんなものを**あげる**んですか

2　「くれる(주다)」의 존경 표현은 「くださる(주시다)」이며, 「くださる(주시다)」의 ます형은 「くださいます(주십니다)」가 된다.

① 先生はいい大学をしょうかいしてくださいました。

② 佐々木さんはよく私たちにケーキを買ってきてくださいます。

③ 部長はけっこんのおいわいにきれいな絵をくださいました。

④ 山田さんはメールの返事をくださいませんでした。

기쁘고 고마움을 느낀 경우에는 「～てくれる(~해 주다)」를 사용하고, 반대로 곤란하고 힘든 기분을 나타낼 때는 수동 표현을 사용한다.

① けがをしたとき、友だちが料理を持ってきてくれました。

② 朝、まだ寝ているとき、友だちに来られました。

☞36. 連れていってもらいました　☞49. 子ねこにかまれたんだ

61　ひけるようになった　칠 수 있게 되었어

どう使う?

「～ようになる(~하게 되다)」는 불가능했던 것이 가능한 상태로 변화한 것을 나타낸다.

V-できる ＋ ようになる

「わかる(알다)・できる(할 수 있다)・見える(보이다)・聞こえる(들리다)」 등의 동사도 쓴다.

① 日本に来たときは、なっとうが食べられませんでしたが、今は食べられるようになりました。

② A：いつ日本語で電話がかけられるようになりますか。

　B：すぐできるようになりますよ。

③ 毎日日本のテレビを見たら、日本人の話がわかるようになりますか。

57 〜 67

やってみよう!

정답 별책 P.7

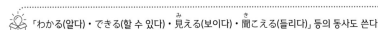

例　20歳になったので、お酒が ___飲める___ ようになりました。

1）今年の夏、やっと100メートル ＿＿＿＿＿＿＿＿ ようになりました。

2）自動車学校で1か月練習して、車が ＿＿＿＿＿＿＿＿ ようになりました。

3）病気がなおって、ご飯が ＿＿＿＿＿＿＿＿ ようになった。

4）早く日本語の新聞が ＿＿＿＿＿＿＿＿ ようになりたいです。

読みます　運転します　飲みます　泳ぎます　食べます

☞85. プレーするようになりました

7 大好きなピアノ (2)
<small>だい す</small>

제일 좋아하는 피아노 (2)

본문 해석 보기

できること

● 취미나 배우는 것에 대해 앞으로의 희망이나 계획을 말할 수 있다.

🔊 37

鈴木：最近はピアノの楽し**さ**も少しわかるようになりました。今度父の
好きなショパンの曲を練習**しようと思っています**。

山田：すごいですね。

鈴木：もうすぐ父のたんじょう日なので、父の**ために**ひく**つもりです**。

山田：いいですね。きっとお父

さん、よろこびますね。

私も将来、自分の子ども

に習**わせ**たいなあ。

---

62 ピアノの楽しさ <small>たの</small> 피아노의 즐거움

どう使う?

「～さ」는 형용사를 명사화할 때 사용한다. 예시 표현으로는「広さ(넓이)・速さ(속도)・長さ(길이)
・重さ(무게)・高さ(높이)」등이 있다.

いA ~~い~~
なA ~~な~~ 〕+ さ

① あの山は高さが2000メートルあります。
② 自分で働けば、お金の大切さがわかりますよ。

やってみよう!

정답 별책 P.7

例	佐藤：鈴木さんの部屋の ___広さ___ はどれくらいですか。
	鈴木：そうですね。30平方メートルくらいです。

1）鈴木：佐藤さんの部屋は、駅から近いですが、せまいですね。

佐藤：私は部屋の広さよりも ＿＿＿＿＿＿ のほうが大切だと思うんです。

2）今年の冬は ＿＿＿＿＿＿ がきびしいそうです。

3）ちょっとこの荷物の ＿＿＿＿＿＿ をはかってください。

4）留学したとき、クラスの友だちの ＿＿＿＿＿＿ がとてもうれしかった。

| 広い 重い やさしい 寒い 便利 |

---

63 練習しよう　연습하자, 연습해야지

どう使う?

「～よう(～하자, ～해야지)」は「～ましょう(～합시다)」の普通形(반말체)이다. 상대방에게 권유나 제의를 할 때 또는 자신의 의지를 말할 때 사용한다.

◎ 동사의 의지형

	사전형 **V-る**	의지형 **V-よう**
Ⅰグループ	書く 話す 読む	書こう 話そう 読もう
Ⅱグループ	食べる 見る 起きる	食べよう 見よう 起きよう
Ⅲグループ	する 来る	**しよう** **来よう**

書か
こ
い
く
け
こ ＋ う

あ か さ た な は ま や ら わ
い き し ち に ひ み　り
う く す つ ぬ ふ む ゆ る
え け せ て ね へ め　れ
お こ そ と の ほ も よ ろ を

おこごそとのぼもろを

食べる
↓
よう

① Ａ：夏休みに旅行に行こうよ。

　Ｂ：うん、どこがいい?

② Ａ：この映画、おもしろそうだね。

　Ｂ：うん。土曜日に見に行こうか。

③ Ａ：このおかし、あげようか。

　Ｂ：うん。ありがとう。

やってみよう！

정답 별책 p.7

例 疲れましたから、ちょっと ＿＿休みましょう＿＿。

→ 疲れたから、ちょっと（ 休もう ）。

1）今日はカレーを作りましょう。

→ 今日はカレーを（　　　　　　　）。

2）昼ご飯を食べに行きましょうよ。

→ 昼ご飯を（　　　　　　　）よ。

3）忙しそうですね。手伝いましょうか。

→ 忙しそうだね。（　　　　　）か。

4）雨が降りそうですよ。早く帰りましょう。

→ 雨が降りそうだよ。早く（　　　　　　　）。

64　しようと思っています　하려고 해요

どう使う？

「～ようと思っている（～하려고 하다）」는 자신의 의지를 다른 사람에게 전달할 때 사용한다.

V-よう ＋ と思っている

① A：夏休みはどうするんですか。
　 B：私は国へ帰ろうと思っています。
　 C：私は沖縄へ旅行に行こうと思っています。
② 私は日曜日に友だちとテニスをしようと思っています。
③ 今年はぜったい富士山に登ろうと思っています。

やってみよう！　　　　　　　　　　　정답 별책 p.8

例 夏休みにアルバイトを ＿＿しよう＿＿ と思っています。

1）けっこん式に先生を ＿＿＿＿＿＿＿＿ と思っています。

112

2）今度の週末は海へ行って ＿＿＿＿＿＿＿ と思っています。

3）私は今度チョコレートケーキを ＿＿＿＿＿＿＿ と思っています。

4）今晩、サッカーの試合を見に ＿＿＿＿＿＿＿ と思っている。

＿＿＿＿＿＿＿＿＿＿＿＿＿＿＿＿＿＿＿＿＿＿＿

| しょうたいします 行きます 作ります 泳ぎます ~~します~~ |

65 父のために　아버지를 위해서

どう使う?

「～ために、…(～를 위해서…, ～하기 위해서…)」는 어떤 행동의 목적을 분명하게 말할 때 사용한다.

```
N の ⎤
    ⎥ + ために
V-る ⎦
```

① 家族のために、一生けんめい働きます。

② けいざいについて勉強するために、日本へ来ました。

③ 新しい車を買うために、ちょきんをしています。

やってみよう!

정답 별책 P.8

| 例 | 首相は国際会議に ＿＿出席する＿＿ ために来週京都へ行きます。 |

1）自動車工場を ＿＿＿＿＿＿ ために名古屋へ来ました。

2）この船は日本から中国へ留学生を ＿＿＿＿＿＿
ために使われました。

2）

3）＿＿＿＿＿＿ ために、がんばって勉強しています。

4）これは漢字を勉強している ＿＿＿＿＿＿ ための辞
書です。

＿＿＿＿＿＿＿＿＿＿＿＿＿＿＿＿＿＿＿＿＿＿＿

| 見学します 将来 送ります ~~出席します~~ 外国人 |

■☞55. 悪くならない**ように**

「ために」と「ように」

「ために(하기 위해서)」와 「ように(하도록)」는 모두 목적을 나타내지만, 자신의 의지로 행동할 때는 「ために」를 사용하고, 상황이 좋아지도록 바라는 경우에는 「ように」를 사용한다.

① 医者は病気をなおすためにがんばっている。
② 友だちの病気が早くなおるように神社でお願いした。

---

66 ひくつもりです (피아노를) 칠 예정이에요

どう使う？

「〜つもりだ(〜할 예정이다)」는 자신의 강한 의지를 말할 때 사용한다.

V-る
V-ない ⎤ + つもりだ

① 私は来年日本に留学するつもりです。
② 今年は日本語能力試験のN4を受けるつもりです。
③ A：今夜のパーティー、どうする？
   B：私は行かないつもり。

やってみよう！

정답 별책 P.8

> **例** 今年のボーナスは、旅行のために ＿＿ちょきんする＿＿ つもりです。

1) たばこのねだんが上がったら、たばこを ＿＿＿＿＿＿＿ つもりです。
2) 私は高校を卒業したら、すぐ働こうと思っています。
   大学には ＿＿＿＿＿＿＿ つもりです。
3) 専門学校でコンピューターの勉強を ＿＿＿＿＿＿＿ つもりです。
4) 私は会社をやめて、新しい会社を ＿＿＿＿＿＿＿ つもりです。

作ります	行きます	します	やめます	~~ちょきんします~~

67 子どもに習わせたい　우리 아이에게 배우게 하고 싶다

どう使う？

「[사람A] 는 [사람B] 에 + **V-させる** 」의 형태로 A가 B에게 지시・강요를 하여, B가 행동한 것을 말할 때 사용한다. 손윗사람에게는 사용하지 않는다.

◎ 동사의 사역형

	사전형 **V-る**	사역형 **V-させる**
Ⅰグループ	書く 話す 読む	書かせる 話させる 読ませる
Ⅱグループ	食べる 見る 考える	食べさせる 見させる 考えさせる
Ⅲグループ	する 来る	させる 来させる

おこごそとのぼもろを
えけげせてねべめれ
うくぐすつぬぶむるう
いきぎしちにびみりい
あかがさたなばまらわ

書<del>く</del>
↓
か＋せる

食べ<del>る</del>
↓
させる

「言う(말하다)」는
「言わせる(말하게 하다)」가 된다.

> 사역 동사의 문장에서 조사는 아래와 같이 사용한다.
>
> [사람] に [사물] を **V-させる**
>
> [사람] を **V-させる**

① 母は私にたくさん野菜を食べさせました。
② 先生は佐藤さんにテキストを読ませました。
③ 社長は会議が終わるまで山田さんを待たせました。
④ 先生は病気の鈴木さんをうちへ帰らせました。
⑤ 社長は田中さんにキムさんをむかえに行かせました。

やってみよう！

 例

作文を書きなさい

1)

本とノートをかばん
にしまいなさい

2)

ゴミを捨てなさい

例 先生は学生に ___作文を書かせました___ 。

1）先生は試験の間、_____。

2）先生は学生に _____。

3)

山田くん、社長室
へ来なさい。

4)

大川くん、アメリカ
に出張しなさい。

5)

鈴木課長、上村くん
の世話をしてくれ。

3）社長は山田さん （　　）_____。

4）社長は大川さん （　　）_____。

5）社長は鈴木課長 （　　）_____。

손윗사람에게 무언가를 부탁할 때는 사역형을 사용하지 않고, 「〜てもらう(~해 주
다)・〜ていただく(~해 주시다)」를 사용한다.

私は先生に作文を直させました。

○ 私は先生に作文を直していただきました。

사역형에는 허가를 나타내는 용법도 있다.

① 父は子どもたちに好きな仕事をさせました。

② 社長は社員に自由に意見を言わせました。

まとめの問題

정답 별책 p.15

もんだい1　<문장 완성>

___★___ に 入る ものは どれですか。1・2・3・4から いちばん いい ものを 一つ えらんで ください。

1 試験に ごうかくする ＿＿＿＿ ＿＿＿＿ ＿★＿ ＿＿＿＿ です。

　　1 うけてみる　　**2** わかりませんが　**3** かどうか　　**4** つもり

2 けんこうの ＿＿＿＿ ＿＿＿＿ ＿★＿ ＿＿＿＿ と 思います。

　　1 ほうがいい　　**2** 野菜を　　　**3** たくさん食べた　**4** ために

3 夏休みは 山に ＿＿＿＿ ＿＿＿＿ ＿★＿ ＿＿＿＿ と 思っています。

　　1 海で　　　　　**2** のぼったり　　**3** しよう　　　　**4** およいだり

4 来年、せんもん学校に ＿＿＿＿ ＿＿＿＿ ＿★＿ ＿＿＿＿ と 思っています。

　　1 デザインの　　**2** 入って　　　　**3** しよう　　　**4** 勉強を

5 きいろの しんごうは、すぐ ＿＿＿＿ ＿＿＿＿ ＿★＿ ＿＿＿＿ という意味 です。

　　1 なる　　　　　**2** ちゅういしろ　**3** 赤に　　　　**4** から

もんだい2　<글의 문법>

　1 ～ 4 に 何を 入れますか。1・2・3・4から いちばん いい ものを 一つ えらんで ください。

> 　わたしは 子どもの とき、父に 毎日 ピアノを 　1　 と 言われて、たいへんだっ た。でも 今は むずかしい きょくも ひけて、ピアノの 楽しさも わかる 　2　。わ たしは 今、父の たんじょう日に ひく ために ショパンの きょくを 練習している。
> 　山田さんは 子どもに ピアノを 　3　 と 言っていた。わたしも 自分の 子ど もに ピアノを 　3　。たんじょう日に 子どもが わたしの 　4　 ピアノをひ いて くれたら、とても うれしいと 思う。

1	**1** 練習する	**2** 練習しろ	**3** 練習した	**4** 練習される
2	**1** ようになる	**2** ようになった	**3** ようにした	**4** ようにする
3	**1** 習おう	**2** 習いたい	**3** 習われたい	**4** 習わせたい
4	**1** ために	**2** ほうが	**3** なのに	**4** より

もんだい３ <독해>

つぎの 文章を 読んで、質問に 答えて ください。答えは、1・2・3・4から、いちばん いい ものを 一つ えらんで ください。

> 　私の家族を紹介します。私が作ったお手伝いロボットの「花子」です。花子は私が話すのを聞いて、言葉を覚えます。
> 　花子は毎朝「おはよう、たろう。」と言います。そして私のためにおいしい朝ご飯を作ってくれます。でもそのあとで、私に「会社に遅刻するぞ。早く歯を磨け！顔を洗え！」と言います。そんな失礼な言い方をしてはいけません。私は花子を、日本語学校に通わせようと思っています。勉強したら、言葉の使い方がわかるようになると思います。

| 1 | 花子さんができないことは何ですか。 |

1 朝のあいさつをすること　　　　**2** ご飯を作ること

3 ていねいな言葉で話すこと　　　**4** 言葉を覚えること

| 2 | 花子さんは「顔を洗え」という言葉をどうやって覚えましたか。 |

1 たろうさんの言葉を聞いて覚えました。

2 たろうさんといっしょに勉強して覚えました。

3 たろうさんに話し方を教えてもらって覚えました。

4 日本語学校で勉強して覚えました。

$\boxed{3}$ たろうさんはこれから花子さんに何をさせたいと思っていますか。

1 たろうさんの言葉を覚えさせたいと思っています。

2 日本語学校で勉強させたいと思っています。

3 日本語学校で働かせたいと思っています。

4 日本語のソフトを作らせたいと思っています。

もんだい4 <청해>

1 まず しつもんを 聞いて ください。それから 話を 聞いて、もんだいようしの 1から 4の 中から、いちばん いい ものを 一つ えらんで ください。

　　1 じてんしゃで 学校へ 来たから　　　🔊 38

　　2 入口の 前に じてんしゃを とめたから

　　3 学校の よこに じてんしゃを とめたから

　　4 じてんしゃおきばに じてんしゃを とめたから

2 このもんだいでは えなどが ありません。まず、ぶんを 聞いて ください。それから、そのへんじを 聞いて、1から3の 中から、いちばん いい ものを 一つ えらんで ください。

$\boxed{1}$	**1**	**2**	**3**	🔊 39
$\boxed{2}$	**1**	**2**	**3**	🔊 40
$\boxed{3}$	**1**	**2**	**3**	🔊 41

8 旅館のよやく(1)

료칸 예약 (1)

できること

● 전화로 직원에게 자신의 희망을 전달하거나 문의하여 예약을 할 수 있다.

본문 해석 보기

🔊 42

旅館の人：はい。山下旅館でございます。

スミス：部屋のよやくをお願いしたいんですが…。

旅館の人：ありがとうございます。いつでしょうか。

スミス：来月の14日の土曜日ですが…。

旅館の人：14日の土曜日ですね。何名さまですか。

スミス：2人です。

旅館の人：和室と洋室とどちらがよろしいでしょうか。

スミス：和室のほうがいいんですが、部屋は広いですか。

旅館の人：ええと、はい。洋室より和室のほうが少し広いですよ。

スミス：じゃあ、和室にします。

旅館の人：はい。和室ですね。お名前をお願いします。

スミス：ジョン・スミスです。

旅館の人：ジョン・スミスさまですね。

---

68 山下旅館でございます　야마시타 료칸입니다

どう使う？

「～でございます(～입니다)」는 「～です(～예요)」의 정중한 표현이다. 손님에게 말할 때나, 연설 등 많은 사람들에게 이야기할 때 사용한다.

N ＋ でございます

① いらっしゃいませ。今日のランチメニューはこちらでございます。

② こちらのシャツは今いちばん売れているデザインでございます。

③ Ａ：すみません。パソコンソフトは何階ですか。

  Ｂ：７階でございます。

＋ Plus

ございます

「ございます(있습니다)」는 「あります(있습니다)」의 정중한 표현이다.

① 女性のトイレは１階と３階にございます。

② 申し訳ございません。 ＊「申し訳ありません(죄송합니다)」의 정중한 표현

69　お願いしたいんですが　부탁드리고 싶은데요

どう使う？

「〜んですが(〜입니다만)」는 상대에게 본인의 희망이나 사정 등을 이야기하기 전 말문을 열 때 사용한다. 또한 문장이 「〜んですが…。(〜인데요….)」로 끝나는 경우, 말하고자 하는 내용을 직접적으로 언급하지 않고 상대가 알아차리도록 하는 뉘앙스가 있다.

PI ＋ んですが

[**なA** だな　**N** だな]

① Ａ：すみません。東京駅へ行きたいんですが…。

  Ｂ：じゃ、この電車で大丈夫ですよ。

② Ａ：あのう、説明会を聞きに来たんですが…。

  Ｂ：あ、留学説明会ですね。２階の会議室へどうぞ。

③ 駅の近くでさいふをおとしたんですが、とどいていますか。

やってみよう！

1）A：この本、コピーしたいんですが…。

B：（　　　）

2）A：旅行の申込書を忘れてしまったんですが…。

B：（　　　）

3）A：すみません。この席、私の席なんですが…。

B：え？（　　　）

4）A：すみません。200円入れたのにおつりが出ないんですが…。

B：（　　　）

---

a　もう一度ボタンを押してみてください。

b　コピー機はあちらにございます。

c　すみません。まちがえました。

d　じゃ、明日持ってきてください。

70　いつでしょうか　언제일까요?

どう使う?

「～でしょうか(～일까요?)」는 「～ですか(～예요?)」의 정중한 표현이다.

いA
なA　　+　でしょうか
N

① 失礼ですが、どちらさまでしょうか。
② 試験の申し込みをしたいんですが、まだ大丈夫でしょうか。
③ この料理、からいでしょうか。

122

やってみよう！

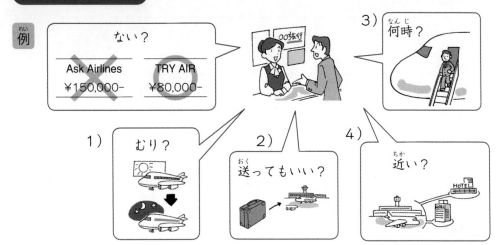

例　もっと安いチケットは　（　ないでしょうか　）。

1）今から飛行機の時間を変えるのは　（　　　　　　　　　）。

2）先に荷物を空港に　（　　　　　　　　）。

3）向こうに着くのは　（　　　　　　　　）。

4）ホテルは空港から　（　　　　　　　　）。

71　和室と洋室とどちらがよろしいでしょうか
일본식(다다미) 방과 서양식(침대) 방 중 어느 쪽이 좋으세요?

どう使う？

「AとBと、どちらが〜か(A와 B 중 어느 쪽이 〜까?)」는 두 개의 선택지 중 어느 쪽을 선택할지 질문할 때 사용한다.

N₁ ＋ と ＋ **N₂** ＋ と、どちらが〜か

① コーヒーとお茶と、どちらがいいですか。

② スポーツを見るのとするのと、どちらが好きですか。

やってみよう！

정답 별책 P.8

1）と／と／が／か／です／Bスーパー／Aスーパー／安い／どちら

_____。

68
〜
77

2）どちら／午前／忙しい／です／午後／が／か／と／と

_____。

3）難しい／スキー／どちら／です／スノーボード／と／と／が／か

_____。

4）です／肉料理／魚料理／どちら／と／と／が／か／おいしい

_____。

72 和室のほうがいい　일본식(다다미) 방 쪽이 좋아

どう使う？

「～のほうが…(～쪽이/편이…)」는 두 개의 선택지 중 어느 한 쪽을 선택할 때 사용한다.

N ＋ のほうが　　　명사 이외에 형용사나 동사를 접속하여 사용하는 경우도 있다.

① A：明日のハイキング、スカートとズボンと、どっちがいい？

　　B：ズボンのほうがいいと思うよ。

② あ、これキムさんの妹さん？　妹さんのほうが背が高いんですね。

③ かばんは軽いほうがいいよ。

④ カメラは高くてもきれいな写真が撮れるほうがいいと
思います。

②

やってみよう！

정답 별책 P.8

例	A：海と山と、どちらが好きですか。
	B：私は　__山のほうが好きです__。／__どちらも好きです__。

1）A：お茶とジュースと、どちらが好きですか。

　　B：私は _____。

2）A：ご飯とパンと、どちらがいいですか。

　　B：私は _____。

3）A：日本語と英語と、どちらが上手に話せますか。

　　B：私は _____。

124

4）A：パーティーの料理は、すしとてんぷらと、どちらがいいと思いますか。

B：私は _____ 。

73　洋室より和室のほうが少し広いです
서양식(침대) 방보다 일본식(다다미) 방 쪽이 조금 넓습니다

どう使う？

「AよりBのほうが～(A보다 B 쪽이～)」는 'A와 비교하면 B가 ～이다'라고 말할 때 사용한다.

N₁ ＋ より ＋ **N₂** ＋ のほうが　　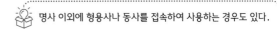 명사 이외에 형용사나 동사를 접속하여 사용하는 경우도 있다.

① 私より兄のほうが日本語が上手です。

② A：今度鹿児島へ行くんですが…。

B：じゃ、新幹線より飛行機のほうがいいですよ。

③ 仕事はひまより少し忙しいほうがいいと思います。

やってみよう！

정답 별책 P.8

例

1）

2）

タイ

3）

ユニクロ
¥3,000

4）

¥3,500

68
〜
77

例　A：この黒いかばん、軽くていいですね。

B：でも、黒いかばんより白いかばん（　のほうが軽い　）ですよ。

1）ペタル：寒いですね。

田　中：ええ。でも日本より、ロシア（　　　　　　　　　　）でしょう？

2）村　田：パットさん、このカレー、からいでしょう。

パット：ええ。でも、日本のカレーより、タイのカレー

（　　　　　　　　　　　　　　）ですよ。

3）A：あ、見て。ここのコート安い！

B：ここより、ユニクロ（　　　　　　　　　　）よ。見に行こう。

4）A：タクシーが来ましたよ。乗りましょう。

B：あ、待ってください。電車（　　　　　　　　　）よ。この時間は道
がこんでいますから。

74　和室にします　　일본식(다다미) 방으로 할게요

どう使う？

「～にする(～으로 하다)」는 말하는 사람의 의지, 판단으로 결정한 것을 말할 때 사용하는 표현이다.
몇 개의 선택지 중 한 가지를 선택하거나 식당 등에서 주문할 때 사용한다.

Ⓝ ＋ にする

① A：来週京都に行くとき、バスで行きますか。それとも新幹線にしますか。
B：新幹線にします。
② A：飲み物は何にしますか。
B：ビール、お願いします。

やってみよう！

例　田中さんにあげるプレゼント、（　何　）にしますか。

1）A：けっこん式、（　　　　　　）にする？

B：そうねえ。6月がいいんじゃない？

2）A：今日の昼ご飯、カレーにする？　それともラーメンにする？

B：きのうカレーだったから、今日は（　　　　　）にしましょう。

3）A：どこに座る？　お店の中？　外？

B：景色がいいから（　　　　　）にしよう。

4）A：バスで帰る？　タクシーにする？

B：荷物が多いから、（　　　　　）にしよう。

旅館のよやく (2)

료칸 예약 (2)

본문 해석 보기

できること

● 전화로 직원의 설명을 이해하고 답할 수 있다.

🔊 43

スミス：あのう、電車で行くんですが、場所はすぐわかりますか。

旅館の人：道はわかり**やすい**と思うんですが、はじめての方にはわかり **にくい**かもしれません。よかったら、駅まで車でおむかえに 行きましょうか。

スミス：じゃあ、夕方5時ごろ着くと思うんですが、駅に着いたら電 話します。

旅館の人：はい。それでは、**お待ちして**います。

スミス：はい。よろしくお願いします。

68
～
77

75 道はわかりやすいと思う　길은 알기 쉽다고 생각해

どう使う？

「〜やすい（〜하기 쉽다, 쉽게 〜하다）」는 「食べやすい（먹기 쉽다）」처럼 동작을 쉽게 할 수 있거나 「こわれやすい（쉽게 망가지다）」와 같이 '쉽게 〜하는 성질'이라고 말할 때 쓴다.

V-ます ＋ やすい

① このペンは書きやすいので、いつもこれを使っています。
② 雪で道がすべりやすくなっていますから、気をつけてくださいね。

やってみよう！

정답 별책 P.9

> 例　このくつは軽くて　＿＿歩き＿＿　やすいです。

1) このお酒はあまくて ＿＿＿＿＿＿＿ やすいです。
2) ジョンさんの電話番号はかんたんで ＿＿＿＿＿＿＿ やすいです。
3) 私の国は安全でぶっかも安いので、＿＿＿＿＿＿＿ やすいです。
4) この皿はうすくて ＿＿＿＿＿＿＿ やすい。

> 住みます　飲みます　われます　~~歩きます~~　覚えます

76 わかりにくいかもしれません　이해하기 힘들지도 몰라요

どう使う？

「〜にくい（〜하기 힘들다/불편하다, 좀처럼 〜않다）」는 「歩きにくい（걷기 힘들다）」처럼 어떤 동작을 하는 것이 어렵다고 말할 때나 「かわきにくい（좀처럼 마르지 않는다）」와 같이 '좀처럼 〜하지 않는 성질'이라고 말할 때 사용한다.

V-ます ＋ にくい

① この薬はにがくて飲みにくいです。
② この時計は丈夫でこわれにくい。

やってみよう！

정답 별책 P.9

> **例** この本は字が小さくて ＿＿読み＿＿ にくいです。

1) このいすは低くて ＿＿＿＿＿＿＿＿ にくい。

2) このきかいはふくざつで ＿＿＿＿＿＿＿＿ にくいです。

3) このカーテンは、火事でも ＿＿＿＿＿＿＿＿ にくいです。

4) このくだものはかわがかたくて ＿＿＿＿＿＿＿＿ にくい。

使います　読みます　座ります　もえます　切ります

---

77 お待ちしています　기다리고 있겠습니다

どう使う？

「お〜する（〜하다）」는 상대를 위해 자신이 하는 일을 겸손하게 말할 때 사용한다. Ⅲ그룹 동사에 는 사용하지 않는다.

お ＋ **V-ます**
ご ＋ **N**　┘ ＋ する

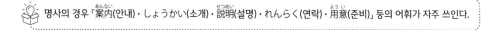
명사의 경우「案内(안내)・しょうかい(소개)・説明(설명)・れんらく(연락)・用意(준비)」등의 어휘가 자주 쓰인다.

① じゅんばんが来たら、お名前をお呼びします。

② お荷物、お持ちします。

③ Ａ：何かお手伝いしましょうか。

　Ｂ：ありがとうございます。お願いします。

④ インドの文化にくわしい友だちを、今度ごしょうかいします。

⑤ 会議の時間が決まったら、すぐごれんらくします。

68〜77

例

例 A：すみません。「○○」という本が見つからないんですが…。

B：では、＿＿おさがし＿＿ します。

1) A：すみません。本を2冊よやくしているんですが。

B：はい。＿＿＿＿＿＿＿＿ します。図書館カードを見せてください。

2) A：すみません。カードをなくしたんですが。

B：はい。では、新しいカードを ＿＿＿＿＿＿＿＿ しますから、この紙に 名前と住所をお願いします。

3) A：すみません。コンピューターで本をけんさくしたいんですが。

B：はい。こちらへどうぞ。使い方を ＿＿＿＿＿＿＿＿ します。

4) A：大丈夫ですか。＿＿＿＿＿＿＿＿ しましょうか。

B：あ、ありがとうございます。

さがします 持ちます 作ります 調べます 説明します

「お～いたします(~해 드리겠습니다)」는 「お～します(~하겠습니다)」보다 더 정중한 표현이다. 주로 점원이 손님에게 혹은 비즈니스 상황에서 자주 사용한다. 「お～くださ い(~해 주세요)」는 「～てください(~해 주세요)」보다 더 격식차린 표현이다.

① お食事はごきぼうの時間にお部屋までお運びいたします。

② 資料はメールにてんぷしてお送りいたします。

③ ただ今ご案内いたしますので、こちらで少々お待ちください。

④ 会議の日時は来週こちらからごれんらくいたします。

やってみよう！

정답 별책 P.9

1）パスポートはコピーが終わったら ・　　・a ご説明いたします。

2）ごきぼうのお部屋を　　　　　　　・　　・b おさがしいたします。

3）10名さまをハワイ旅行に　　　　・　　・c お返しいたします。

4）ただ今から新せいひんについて　　・　　・d ごしょうたいいたします。

まとめの問題

정답 별책 p.16

もんだい1 　<문장 완성>

___ ★ ___ に 入る ものは どれですか。1・2・3・4から いちばん いい ものを 一つ えらんで ください。

1 　A：晩ご飯、何を 食べましょうか。
　　　B：今日は _____ _____ ★ _____ に しませんか。

　　1 寒い 　　　　**2** あたたかい 　　**3** 料理 　　　　**4** ので

2 　この テキストは _____ _____ ★ _____ です。

　　1 わかりやすい 　**2** 文法の 　　　**3** ありますから 　**4** 説明が

3 　先週 _____ _____ ★ _____ から、アドレスを 教えて ください。

　　1 とった 　　　　**2** 京都で 　　　**3** しゃしんを 　　**4** お送りします

4 　この _____ _____ ★ _____ です。

　　1 大きくて 　　　**2** 運転 　　　　**3** しにくい 　　　**4** 車は

5 　渋谷駅へ _____ _____ ★ _____ いいでしょうか。

　　1 乗ったら 　　　　　　　　　　**2** 行きたいんですが、
　　3 電車に 　　　　　　　　　　**4** どの

もんだい2 　<글의 문법>

1 ～ 4 に 何を 入れますか。1・2・3・4から いちばん いい ものを 一つ えらんで ください。

> 今度、母と 旅行に 行く。それで、今日 旅館の よやくを した。旅館の 名前は 山下旅館 1 。旅館に とまるのは はじめてだ。母と いっしょ なので、へやは わしつ 2 した。わしつ 3 広いらしいから、ちょうど よかった。 4 場所だったら こまると 思ったが、旅館の 人が 駅まで 車で むかえに 来ると 言って くれた。母も いっしょだから、そのほうが 安心だ。

1	**1** です	**2** だ	**3** にする	**4** でございます
2	**1** を	**2** が	**3** に	**4** で
3	**1** のほうが	**2** とどちらが	**3** より	**4** から
4	**1** わかりにくい	**2** わかった	**3** わかりやすい	**4** わからなかった

もんだい3 <청해>

1 まず しつもんを 聞いて ください。それから 話を 聞いて、もんだいようしの 1から 4の 中から、いちばん いい ものを 一つ えらんで ください。

　　1 学校を 休む　　　　　　　　　　　　🔊 44

　　2 大木先生に 電話を する

　　3 大阪へ 行く

　　4 大木先生に メールを する

2 このもんだいでは えなどが ありません。まず、ぶんを 聞いて ください。それから、そのへんじを 聞いて、1から 3の 中から、いちばん いい ものを 一つ えらんで ください。

1	**1**	**2**	**3**	🔊 45
2	**1**	**2**	**3**	🔊 46
3	**1**	**2**	**3**	🔊 47
4	**1**	**2**	**3**	🔊 48

9 ゆうしょうインタビュー (1)

우승 인터뷰 (1)

본문 해석 보기

できること

● 인터뷰 등에서 정중한 표현의 질문을 듣고 이해할 수 있다.
● 인터뷰 등에서 질문에 대한 대답을 할 수 있다.

🔊 49

インタビュアー：大川選手、ゆうしょうおめでとうございます。すばら
しい試合でしたね。今の**お気持ち**は？

大川：ありがとうございます。今日ゆうしょうできたのは、
みなさまにおうえんし**ていただいた**からです。

インタビュアー：今日の試合でいんたい**されるそうです**が、試合中、
どんなことを考え**ていらっしゃいましたか。**

大川：これが最後の試合ですから、かつことだけを考えてい
ました。ゆうしょうできて、本当にしあわせです。

78 お気持ち　マ음, 기분, 성의

どう使う?

「お／ご〜」는 명사나 형용사 앞에 붙어 그 어휘를 정중하게 말할 때 사용한다.

 활용 예시:
お手紙(편지)・お電話(전화)・お仕事(일)・お世話(신세)・おたく(댁)・お時間(시간)・お元気(건강)・お忙しい(바쁘시다)
ごあいさつ(인사 말씀)・ご主人(남편분)・ごよてい(예정)・ごけっこん(결혼) 등

① こちらにお名前とご住所をお願いします。
② このお花はおいくらですか。
③ ご家族はお元気ですか。

79　おうえんしていただいた　응원해 주셨다

どう使う?

「〜ていただく(〜해 주시다, 〜해 받다)」는 「〜てもらう(〜해 주다, 〜해 받다)」의 정중한 표현이다.
상대에게 물건을 받는 것을 정중하게 표현할 때는 동사 「いただく(받다)」를 사용한다.

V-て
N を　＋ いただく

① きのう部長に昼ご飯をごちそうしていただきました。
② 先生、レポートを見ていただけませんか。
③ 先生にしょうかいしていただいた文法の本はとてもよかったです。
④ 大川さんからお礼の手紙をいただきました。
⑤ さっきお客さんにいただいたおみやげを食べましょう。

78
〜
87

やってみよう！

例

社長

1)

部長

2)

3)

4)

課長

先生

先輩

例　私たちのけっこん式で社長にスピーチを　（　していただきました　）。

1）部長に歌を　（　　　　　　　　　　　　　　）。
2）課長にギターを　（　　　　　　　　　　　　　）。
3）先生にプレゼントを　（　　　　　　　　　　　）。
4）先輩にビデオを　（　　　　　　　　　　　　　）。

80　いんたい**される**　은퇴하시다

どう使う？

상대방이 하는 일을 높여 말할 때는 존경형을 쓴다. 존경형은 수동형과 형태가 같으며, 회사와 같은 곳에서 자주 사용한다.

◎ 동사의 존경형

	사전형 V-る	존경형 V-られる
Ⅰグ룹	読む 作る 歌う	読まれる 作られる 歌われる
Ⅱグ룹	出る 降りる	出られる 降りられる
Ⅲグ룹	する 来る	される 来られる

読む
あ か さ た な は ま ら わ
い き し ち に ひ み り を
う く す つ ぬ ふ む る う
え け せ て ね へ め れ え
お こ そ と の ほ も ろ を
→ 読ま + れる

出る
→ 出 ~ る
→ られる

① A：課長、課長は明日の会議に出席されますか。

B：ええ。3時からですよね。

② A：きのう、田村先生が話されたことを覚えていますか。

B：はい、試験のことですね。

やってみよう！

정답 별책 P.9

例　A：そのカメラ、どこで ＿＿＿買われました＿＿＿ か。

B：秋葉原です。

1）A：いらっしゃいませ。おたばこを ＿＿＿＿＿＿＿＿ か。

B：いいえ。

A：では、こちらのお席へどうぞ。

2）A：しゅみは音楽だそうですが、どんな音楽を ＿＿＿＿＿＿＿ か。

B：ジャズが好きです。

3）部長は来月中国へ ＿＿＿＿＿＿＿。

4）A：この資料、もう片付けてもよろしいでしょうか。

B：あ、それはこれから部長が ＿＿＿＿＿＿＿ から。

使います　聞きます　買います　吸います　出張します

81　いんたいされるそうです　은퇴하신다고 합니다

どう使う？

「〜そうだ(〜이라고 한다)」는 미디어나 다른 사람으로부터 얻은 정보를 제3자에게 전할 때 쓴다.

PI ＋ そうだ

① 動物園でパンダの赤ちゃんが生まれたそうです。
② 新しい課長はとてもきびしい人だそうですよ。
③ 先生の話では、来週の試験は難しくないそうです。

! 「〜そうだ(〜라고 한다)」는 들은 정보의 내용을 나타내기 때문에, 「そうじゃない・そうだった」 등의 표현은 쓰지 않는다.

今日は雪が降る~~そうじゃない~~。

⇒ ○ 今日は雪が降らないそうだ。

きのう九州で雪が降ったそうだ~~った~~。

⇒ ○ きのう九州で雪が降ったそうだ。

やってみよう！

정답 별책 P.9

> 例 天気予報で聞いたんですが、今度の台風はとても ___大きい___ そうですよ。

1) さっき母から電話がありました。妹が大学の試験に ＿＿＿＿＿＿＿＿
　 そうです。

2) 来月学校の近くに新しいレストランが ＿＿＿＿＿＿＿＿ そうです。

3) 木村さんは子どものころ、体が ＿＿＿＿＿＿＿＿ そうです。

4) A：石川さんは若いとき ＿＿＿＿＿＿＿＿ そうですよ。
　 B：だから、走るのが速いんですね。

5) 佐藤さんの話では、鈴木さんはピアノが ＿＿＿＿＿＿＿＿ そうです。

合格します	弱いです	できます	上手です
サッカーのせんしゅです	大きいです		

82 試合中 시합 중

どう使う?

「〜中(〜중)」는 동작을 나타내는 명사 뒤에 붙어, 그 동작이 계속되고 있음을 나타낸다.

N + 中

① 山田さんは今電話中です。

② すみません。高橋は今、外出中なのですが…。

③ ジョギング中の事故に気をつけてください。

やってみよう!

정답 별책 P. 9

> | 例 | 田中さんは今、会議をしています。 |
> |---|---|
> | | （ 会議中です ） |

1) 今勉強していますから、静かにしてください。

 （　　　　　　　）

2) 今研究しているものは何ですか。

 （　　　　　　　）

3) ちょっと待ってください。今食事をしているんです。

 （　　　　　　　　）

「〜中」는 시간을 나타내는 말의 뒤에 붙었을 땐, 기간을 나타낸다. 단, 예외적으로 「今日中(오늘 중)」「今年中(올해 안)」와 같은 단어는 「ちゅう」가 아닌 「じゅう」라고 읽는다.

① ６月中にレポートを書かなければなりません。

② 今週中に申し込みをしてください。

③ この仕事は今日中にやってください。

「世界」「日本」等と같은 장소를 나타내는 단어 뒤에 「~中」가 붙을 땐, 「じゅう」라고 읽고 그 장소 전체를 나타내는 뜻이 된다.

富士山は有名ですから、世界中の人が知っています。

83 考えていらっしゃいましたか 생각하고 계셨나요?

どう使う?

상대방이 하는 일을 높여 말할 때, 특별한 존경 동사를 쓴다.

◎ 특별한 존경어

의미	V-る	V-ます
食べる 飲む	召し上がる	召し上がります
行く 来る いる	いらっしゃる	*いらっしゃいます
~ている	~ていらっしゃる	~ていらっしゃいます
見る	ご覧になる	ご覧になります
言う	おっしゃる	*おっしゃいます
する	なさる	*なさいます
知っている	ご存じだ	ご存じです
くれる	くださる	*くださいます

「いらっしゃる」「おっしゃる」「なさる」「くださる」의 ます형은
「いらっしゃいます」「おっしゃいます」「なさいます」「くださいます」가 된다.

① お食事はもう召し上がりましたか。
② 小林先生はあちらで本を読んでいらっしゃいます。
③ 次のごよやくはいつになさいますか。
④ 部長、細川さんをご存じですか。

やってみよう！

정답 별책 p.9

例	コーヒーと紅茶とどちらに（　なさいます　）か。

1）山川先生は「明日テストがありますよ」と（　　　　　　　　）。

2）A：すみません。佐々木先生はどちらですか。

　　B：あ、先生はあちらに（　　　　　　　　）。

3）A：社長、今朝のテレビのニュースを（　　　　　　　　）か。

　　B：ああ、見たよ。

4）A：田中さん、明日の会議が3時からになったのを（　　　　　　　　）か。

　　B：え！知りませんでした。

9 ゆうしょうインタビュー (2)
우승 인터뷰 (2)

본문 해석 보기

🔊 50

インタビュアー：今までのせんしゅ生活で何がいちばんよかったですか。

大川：そうですね。すばらしい仲間ができたことです。若い ときは一人でむりをしましたが、だんだん仲間と助け 合ってプレーする**ようになりました。**

インタビュアー：そうですか。これからのごよていは？

大川：はい、３か月ほど休みをもらって、そのあとは若いせ んしゅにサッカーを教える**ことになっています。**

インタビュアー：そうですか。では、しばらく ゆっくり**お休みになって、**こ れからもどうぞがんばってく ださい。大川せんしゅ、どう もありがとうございました。

84 せんしゅ生活で何がいちばんよかったですか
선수 생활을 하면서 무엇이 가장 좋았습니까?

どう使う？

「〜がいちばん…(〜이 가장…)」은 3개 이상의 물건・사람・장소 중에서 '가장 〜한 것은 무엇인 지'라고 묻거나 답할 때 쓰는 표현이다.

① Ａ：すしで何_{なに}がいちばん好_すきですか。

　　Ｂ：マグロがいちばん好_すきです。

② Ａ：日本_{にほん}の政治家_{せいじか}でだれがいちばん人気_{にんき}がありますか。

　　Ｂ：…わかりません。

③ Ａ：今度_{こんど}の会議_{かいぎ}ですが、いつがいちばんつごうがいいですか。

　　Ｂ：私_{わたし}は水曜日_{すいようび}の３時半_{じはん}からがいちばんいいんですが…。

やってみよう！

정답 별책 P. 10

1）家族_{かぞく}でだれがいちばん背_せが高_{たか}いですか。

　　（　　　　　　　　　　）がいちばん背_せが高_{たか}いです。

2）あなたの国_{くに}の料理_{りょうり}で何_{なに}がいちばん有名_{ゆうめい}ですか。

　　（　　　　　　　　　　）がいちばん有名_{ゆうめい}だと思_{おも}います。

85　プレーするようになりました　플레이하게 되었습니다

どう使う？

「～ようになる(～하게 되다)」는 지금까지와는 다른 상태가 되거나, 그동안 하지 않았던 행동이 새롭게 습관이 되었을 때 사용한다.

V-る ＋ ようになる

① 日本_{にほん}へ来_きてから、自分_{じぶん}で料理_{りょうり}を作_{つく}るようになりました。

② どのホテルでもカードキーを使_{つか}うようになりました。

③ 母_{はは}は目_めが悪_{わる}くなって、本_{ほん}を読_よむときめがねをかけるようになりました。

！ 그동안 해왔던 것을 하지 않게 되었을 때는,「～なくなる(～않게 되다)」를 쓴다.

① あの人_{ひと}は、前_{まえ}はたばこを吸_すっていましたが、最近_{さいきん}吸_すわなくなりました。

② 子どものときはよく泳ぎましたが、中学に入ってから泳がなくなりました。

③ 最近は忙しいので、自分でご飯を作らなくなりました。

やってみよう！

정답 별책 P. 10

1）前は運動がきらいでしたが、最近は少し（するように・しなく）なりました。

2）飲みすぎて病気になってからお酒を（飲むように・飲まなく）なりました。

3）先輩の田中さんと、前はほとんど話しませんでしたが、会社に入ってから、
（よく話すように・あまり話さなく）なりました。

4）運転めんきょを取ってから、いつも車で出かけるので、
あまり（歩くように・歩かなく）なりました。

61. ひける**ように**なった

86 教えることになっています　가르치게 되어 있습니다

どう使う？

「～ことになっている(～하게 되어 있다)」는 예정이나 규칙을 다른 사람에게 설명할 때 쓴다.

V-る
V-ない ＋ ことになっている

> 규칙을 설명할 때는 「～てもいい(～해도 좋다)・～なければならない(～하지 않으면 안 된다)・～てはいけない(～해선 안 된다)」 등과 함께 쓰기도 한다.

① 来週の月曜日、友だちと映画を見ることになっています。

② 今日荷物がとどくことになっている。

③ ここにあるかさはだれが使ってもいいことになっています。

④ 留学する前にビザをもらわなければならないことになっています。

144

やってみよう！

例 明日は、

9時に　（　学校に集まる　）　ことに

なっています。

校外学習スケジュール	
9：00	学校
	バスで美術館へ
13：00	お弁当
14：00ごろ	学校へ

1）バスで　（　　　　　　　　　　　）　ことに

なっています。

2）公園で　（　　　　　　　　　　）　ことになっています。

3）2時ごろ　（　　　　　　　　　　）　ことになっています。

87　ゆっくりお休みになって　편히 쉬시고

どう使う？

「お～になる(～하시다)」는 상대방이 하는 일을 높여 말할 때 쓴다.

お ＋ V-ます ＋ になる

① ご主人は何時ごろお帰りになりますか。

② 先生、この歌をお聞きになったことがありますか。

③ 会場へお入りになる方はこちらの入り口からお願いします。

!

「います(있습니다)・寝ます(잡니다)」등과 같이「ます」의 앞이 1음절인 동사는 다음 예문과 같은 형태로 쓰지 않는다.

先生はどんなスポーツをお~~し~~になりますか。

78
～
87

やってみよう！

1)　2)

3)　4)

例　お写真を（　お撮りになる　）方はこちらでどうぞ。

1) おみやげを（　　　　　　　　）方はこちらのお店でどうぞ。

2) このふくろを（　　　　　　　）ますか。どうぞ。

3) お疲れですか。こちらでちょっと（　　　　　　　　）ますか。

4) タクシーでおうちへ（　　　　　　　　）方、タクシー乗り場はあちらです。

まとめの問題

정답 별책 P.16

もんだい1　<문장 완성>

___★___に 入る ものは どれですか。1・2・3・4から いちばん いい ものを 一つ えらんで ください。

1 鈴木さんの 話では ＿＿＿ ＿＿＿ ＿★＿ ＿＿＿ そうです。

1 料理は　　　　**2** しょくどうの　　　　**3** おいしい　　　　**4** 安くて

2 かちょうが ＿＿＿ ＿＿＿ ＿★＿ ＿＿＿ のを 知っていますか。

1 入院　　　　**2** なさった　　　　**3** じこで　　　　**4** 自動車の

3 西川さんは ＿＿＿ ＿＿＿ ＿★＿ ＿＿＿ ことに なりました。

1 病気の　　　　**2** ために　　　　**3** 会社を　　　　**4** おやめになる

4 田中さんは ＿＿＿ ＿＿＿ ＿★＿ ＿＿＿ います。

1 おへやで　　　　**2** ホテルの　　　　**3** になって　　　　**4** お休み

5 図書館の 本は ＿＿＿ ＿＿＿ ＿★＿ ＿＿＿ なっています。

1 以内に　　　　**2** ことに　　　　**3** 2週間　　　　**4** 返す

6 この ＿＿＿ ＿＿＿ ＿★＿ ＿＿＿ いたします。

1 ごらんになって　　　　　　　　**2** しょるいを

3 サインを　　　　　　　　　　　**4** おねがい

7 今度の ＿＿＿ ＿＿＿ ＿★＿ ＿＿＿ 教えてください。

1 いちばん　　　　**2** 楽しかった　　　　**3** 旅行で　　　　**4** ことを

1 ～ 4 に 何を 入れますか。1・2・3・4から いちばん いい ものを 一つ えらんで ください。

みなさん、新しい コーチを 1 。大川コーチです。大川コーチは せんしゅを いんたいされて、来月からは この チームの コーチに なって いただく 2 。大川コーチは 東京で お生まれになり、18さいの とき ドイツに サッカーりゅうがくを されました。21さいの とき、全日本の メンバーに えらばれました。二度、ワールドカップに 出場なさって、たくさんの 世界の チームと 試合を 3 。大川コーチの ゆめは 世界一の チームを 4 そうです。チームの みなさん、大川コーチと いっしょに がんばって ください。

1　1 ごしょうかい させます　　　2 ごしょうかい されます

　　3 ごしょうかい します　　　　4 ごしょうかい なさいます

2　1 ことに なられました　　　　2 ことに なりました

　　3 ことが ありました　　　　　4 ことが ございます

3　1 できました　　　　　　　　　2 させました

　　3 いたしました　　　　　　　　4 なさいました

4　1 作ることだ　　　　　　　　　2 作ったことだ

　　3 作れ　　　　　　　　　　　　4 作り

つぎの 文章を 読んで、質問に 答えて ください。答えは、1・2・3・4から、いちばん
いい ものを 一つ えらんで ください。

大川選手へ

　優勝 おめでとうございます。テレビで最後の試合を見ました。すばらしかった
です。選手生活20年の間にはけがをして、試合に出られなかったときもありまし
たね。でもどんなときも大川選手は笑顔でした。私は選手の中で大川選手がいち
ばん好きでした。練習でも試合でも一生懸命ボールを追いかけているのを見て、
私もがんばろうと思いました。

　大川選手、お疲れさまでした。コーチをされると聞きましたが、これからもずっ
と応援しています。

ファンより

この人はどうして大川選手が好きでしたか。

1 大川選手は20年間、けがをして試合に出られなかったからです。

2 大川選手は優勝して笑っていたからです。

3 大川選手がいつもがんばっていたからです。

4 大川選手はコーチになるからです。

このもんだいでは えなどが ありません。まず、ぶんを 聞いて ください。それから、
そのへんじを 聞いて、1から3の 中から、いちばん いい ものを 一つ えらんで
ください。

| 1 | **1** | **2** | **3** | 🔊 51 |

| 2 | **1** | **2** | **3** | 🔊 52 |

10 アルバイトのめんせつ (1)

아르바이트 면접(1)

できること

● 아르바이트 면접에서 전공과 경험 등을 정중하게 소개할 수 있다.

본문 해석 보기

53

面接官：次の方、どうぞ**お入りください**。

スミス：失礼します。

面接官：そちらにおかけください。

スミス：はい。

面接官：まず、じこしょうかいをお願いします。

スミス：私*はスミスと申します。さくねんの10月にアメリカから**まいりました**。今は大学で、日本語と日本のけいざいを勉強しております。どうぞよろしくお願いいたします。

面接官：スミスさんは英語を教えたことがありますか。

スミス：ええ。ボランティアで1年ぐらい教えたことがあります。

面接官：そうですか。TOEFLテストのクラスが教えられますか。

スミス：はい。TOEFLのクラス**なら**大丈夫だと思います。TOEFLを受ける日本人に教えていましたから。

面接官：そうですか。

*「私」는 보통「わたし」라고 읽지만, 공손한 글에서「わたくし」라고 읽는 경우도 있다.

150

88 お入りください　들어와 주세요

どう使う?

「お～ください(～해 주세요)」는 「～てください(～해 주세요)」의 정중한 표현이다. 상대방에게 뭔가 권유하거나 지시할 때 쓴다. Ⅲ그룹 동사에는 쓰지 않는다.

お　＋　V-ます
ご　＋　N 　＋　ください

> 명사는 「利用(이용)・注意(주의)・えんりょ(사양)・記入(기입)・そうだん(상담)・用意(준비)・れんらく(연락)・出席(출석)」 등의 말이 자주 쓰인다.

① こちらにお名前とご住所をお書きください。

② お降りになる方は、バスが止まってから、お立ちください。

③ レストランは8階にございます。あちらのエレベーターをご利用ください。

④ すべりやすいので、ご注意ください。

> ！
>
> 「います(있습니다)・寝ます(잡니다)」 등과 같이 「ます」의 앞이 1음절인 동사는 다음 예문과 같은 형태로 쓰지 않는다.
>
> この資料をお見ください。

やってみよう！

1)

2)

DRINK BAR

3)

4)

例　どうぞお好きな席に　__お座り__　ください。

1）おたばこは _____ ください。

2）お飲み物はご自由に _____ ください。

3）あついので _____ ください。

4）ミルクやさとうはご自由に _____ ください。

召し上がります　使います　えんりょします　座ります　注意します

152

どう使う?

상대방에게 존경하는 마음을 나타내기 위해서 자신의 행동을 낮춰 말할 때, 특별한 동사를 사용한다.

◎ 특별한 겸양어

의미	V-る	V-ます
行く 来る	まいる	まいります
する	いたす	いたします
いる	おる	おります
～ている	～ておる	～ております
言う	申す	申します
知っている	存じておる	存じております
知らない	存じない	存じません
会う	お目にかかる	お目にかかります
ほうもんする 聞く（質問する）	うかがう	うかがいます
見る	拝見する	拝見します
言う	申し上げる	申し上げます
食べる 飲む もらう	いただく	いただきます
あげる	さしあげる	さしあげます

① 電車がまいりますので、黄色い線の内側までお下がりください。

② 先週、社長のおくさまにお目にかかりました。そしておくさまがお作りになっ
た人形を拝見しました。

③ 先　生：スミスさん、このおかしを食べませんか。

　　スミス：はい、いただきます。

④ A：明日２時ごろ、そちらにうかがってもよろしいでしょうか。

　　B：はい、お待ちしています。

⑤ 私の父はぼうえき会社に勤めております。

やってみよう！

정답 별책 P. 10

1）A： 私はABK社の佐藤と ＿＿申します＿＿ 。

　　　　　　　　　　　　　　　（言います）

　　　山田課長に ＿＿＿＿＿＿＿ たいのですが…。

　　　　　　　　　　　　（会います）

　　B：おやくそくですか。

　　A：はい。３時におやくそくをして ＿＿＿＿＿＿＿。

　　　　　　　　　　　　　　　　　（います）

　　B：少々お待ちください。

2）A：本日はありがとうございました。また来週月曜日の

　　　３時に ＿＿＿＿＿＿＿。

　　　　　　（ほうもんします）

　　B：よろしくお願いします。本日はありがとうござい

　　　ました。

　　A：それでは、失礼 ＿＿＿＿＿＿＿。

　　　　　　　　　　　　（します）

2）

90　TOEFLのクラスなら大丈夫　TOEFL 클래스라면 괜찮아

どう使う？

「〜なら（〜라면）」는 다른 것은 안되지만, '〜은 할 수 있다, 괜찮다, 문제없다'라고 말할 때 쓴다.

N ＋ なら

① サッカーのルールならわかるけど、野球のルールはぜんぜんわからない。

② 日曜日なら時間が取れるから、いっしょに買い物に行こうよ。

③ A：今度のパーティーでつうやくをしてもらえませんか。

　B：すみません。手紙のほんやくならできますが、つうやくはちょっと…。

やってみよう！

정답 별책 P. 10

1）A：この問題、わかる？

　B：うーん。きっと鈴木さんなら（わからない・わかる）よ。

2）A：今度、いっしょにテニスしませんか。

　B：テニスはちょっと…。バレーボールなら（できない・できる）けど…。

3）A：あの遊園地はいつもこんでいますね。

　B：雨の日なら（こんで・すいて）いますよ。

4）A：魚は嫌いなんですか。

　B：さしみはだめなんです。やいた魚なら
　　（大丈夫です・食べられません）が…。

88
〜
93

10 アルバイトのめんせつ (2)

아르바이트 면접 (2)

본문 해석 보기

できること

● 아르바이트 면접을 보고, 조건이나 주의사항 등을 듣고 이해할 수 있다.

🔊 54

面接官：この学校では授業 中、学生は日本語を使っ**てはいけない**ことに

なっているんですが…。

スミス：では、私も日本語で話さない**ようにします。**

面接官：お願いします。ところで、月曜日と水曜日の夜、来**てほしいん**

ですが、スミスさんはどちらも来られますか。

スミス：はい。

面接官：わかりました。では、2、3日後にこ

ちらからごれんらくをさしあげます。

スミス：よろしくお願いいたします。

---

91 使ってはいけない　사용해서는 안 된다

どう使う?

「～てはいけない(～해서는 안 된다)」는 위험한 일을 그만하도록 주의를 주거나, 규칙 등으로 금지되어 있는 것을 말할 때 쓴다.

V-て + はいけない

① 教室でたばこを吸ってはいけません。

② 試験のとき、ボールペンで書いてはいけません。

③ 図書館で大きい声で話してはいけません。

やってみよう！

정답 별책 p.10

> 例 A：お酒はしばらくやめてください。
>
> B：え、お酒を（ 飲んで ）はいけないんですか。
>
> A：ええ。病気がなおるまでだめですよ。

1）A：ここは駐車きんしですよ。

　　B：ここに車を（　　　　　　　　　）はいけないんですか。

　　A：ええ。ここは病院の前ですから。

2）A：このゴミは出さないでください。

　　B：今日、ゴミを（　　　　　　　　　）はいけないんですか。

　　A：これはもえないゴミですから、月曜日に出してください。

3）A：海に入らないでください。

　　B：え、海に（　　　　　　　　　）はいけないんですか。

　　A：ええ。この海は危ないですから。

4）A：写真を撮らないでください。

　　B：写真を（　　　　　　　　　）はいけないんですか。

　　A：ええ。この美術館では写真はきんしされているんです。

92 話さないようにします 　이야기하지 않도록 합니다

どう使う？

88 〜 93

「〜ようにする(〜하도록 하다)」는 앞으로 노력하거나 주의해야 할 것을 말할 때 쓴다. 「〜ようにしている(〜하도록 하고 있다)」는 한 번뿐만 아니라 습관적으로 노력하고 주의하고 있는 것을 말할 때 사용한다.

V-る ⎤
V-ない ⎦ + ようにする

① A：けんこうのために、少し運動したほうがいいですよ。

　　B：じゃ、これから毎日1時間くらい歩くようにします。

② 悪い言葉は使わないようにしましょう。

③ A：毎日早いですね。

　　B：ええ。8時をすぎるとラッシュになるので、家を早く出るようにしているんです。

やってみよう！

정답 별책 p.10

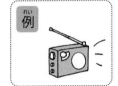

例 これから毎日ラジオでニュースを　（　聞く　）　ようにします。

1）毎日日本人の友だちと　（　　　　　）　ようにします。

2）毎日漢字を10回　（　　　　　）　ようにします。

3）毎日日本のテレビを　（　　　　　）　ようにします。

4）できるだけ、日本語のまんがを　（　　　　　）　ようにします。

 「〜ようにしてください(〜하도록 해 주세요)」는 상대방이 노력이나 주의해 줬으면 하는 것을 이야기할 때 쓴다. 「〜てください(〜해 주세요)」보다 부드러운 표현이 된다.

① あ、危ないですよ。そのきかいにさわらないようにしてください。

② A：明日は試験だから、遅れないようにしてください。

　　B：はい、先生。

93 来てほしい　왔으면 좋겠어

どう使う？

「～てほしい（～하면 좋겠어）」는 상대가 어떤 행동을 해줬으면 할 때 사용하는 표현이다.

V-て
V-ない で ┘ ＋ ほしい

① A：来週のよていがわかったら、すぐ私に知らせてほしいんですが…。

　　B：はい、わかりました。

② 家族にはずっと元気でいてほしいです。

③ A：このことはだれにも話さないでほしいんだけど…。

　　B：えっ、何の話ですか？

> ！　「～てほしい（～하면 좋겠어）」는 손윗사람에게 질문할 때 쓰지 않는다.
> 　　先生、私の電話番号を教えてほしいですか。

やってみよう！

〜정답 별책 P.10

例　A：自転車置き場がせまいよね。

　　B：もっと　__広くして__　ほしいよね。

1）A：学費高いよね。

　　B：もっと _____ ほしいよね。

2）A：申し込んだんだけど、しょうがく金もらえなかったよ。

　　B：しょうがく金の数をもっと _____ ほしいよね。

3）A：この間、図書館休みだったよ。調べたいものがあったのに。

　　B：夏休みでも _____ ほしいよね。

4）A：今年から学園祭がないらしいよ。

　　B：え！ 学生の楽しみなんだから、_____ ほしいね。

安くします　広くします　ふやします　やめます　休みます

88
～
93

まとめの問題

정답 별책 P.17

もんだい1　＜문장 완성＞

＿＿★＿＿に 入る ものは どれですか。1・2・3・4から いちばん いい ものを 一つ えらんで ください。

1　じゅんばんに お名前を ＿＿＿ ＿＿＿ ＿★＿ ＿＿＿ ください。

　　1 お待ち　　　**2** お呼びします　　**3** こちらで　　**4** ので

2　帰国する ＿＿＿ ＿＿＿ ＿★＿ ＿＿＿ と思っています。

　　1 かかりたい　　**2** 山田先生に　　**3** お目に　　**4** 前に

3　すみませんが、この ＿＿＿ ＿＿＿ ＿★＿ ＿＿＿ か。

　　1 よろしい　　**2** でしょう　　**3** いただいても　　**4** カタログを

4　日本語 ＿＿＿ ＿＿＿ ＿★＿ ＿＿＿ タイ語は わかりません。

　　1 なら　　　**2** けど、　　**3** 教えられます　　**4** 少し

5　田中さん、＿＿＿ ＿＿＿ ＿★＿ ＿＿＿ んですが、時間が ありますか。

　　1 ほしい　　**2** 仕事を　　**3** この　　**4** てつだって

もんだい2　＜글의 문법＞

　1　～　4　に 何を 入れますか。1・2・3・4から いちばん いい ものを 一つ えらんで ください。

日本の 生活にも なれたので、アルバイトが したいと 思った。英語を 教える 仕事 　1　 できると 思ったので、今日 めんせつに 行った。めんせつで あまり むずかしい しつもんは なかった。いっしょうけんめい ていねいな 日本語を 　2　 が、ちゃんと 話せたか どうか しんぱいだ。でも クラスでは 日本語を 話す ひつようは ないし、アメリカで TOEFLの クラスを 教えたことも ある 　3　、だいじょうぶだろう。月曜日と 水曜日に 　4　 と 言われたが、ちょうど その日は 学校の じゅぎょうが ない日だし、アルバイトが できると いいなあ。

160

1	**1** のに	**2** でも	**3** なら	**4** ので

2	**1** 使^{つか}うように した	**2** 使^{つか}えるように なった
	3 使^{つか}うことに なった	**4** 使^{つか}って しまった

3	**1** と	**2** のに	**3** が	**4** から

4	**1** 教^{おし}えたい	**2** 教^{おし}えて ほしい
	3 教^{おし}えて しまう	**4** 教^{おし}えて みる

もんだい３ <청해>

1 まず しつもんを 聞^きいて ください。それから 話^{はなし}を 聞^きいて、もんだいようしの 1から 4の 中^{なか}から、いちばん いい ものを 一つ^{ひと} えらんで ください。

1	**1** めんせつを する	**2** せつめいを する	🔊 55
	3 じゅぎょうを する	**4** おしえる れんしゅうを する	

2	**1** 花火^{はなび}を すること	**2** よる、大^{おお}きな こえで 話^{はな}すこと	🔊 56
	3 ごみを すてること	**4** そうじする こと	

3	**1** へやのじゅんびを する	**2** ここで まつ	🔊 57
	3 コーヒーを 飲^のむ	**4** スポーツ新聞^{しんぶん}を 持^もって くる	

2 このもんだいでは えなどが ありません。まず、ぶんを 聞^きいて ください。それから、そのへんじを 聞^きいて、1から3の 中^{なか}から、いちばん いい ものを 一つ^{ひと} えらんで ください。

      1   **2**   **3**   🔊 58

11 便利な言葉

유용한 어휘

본문 해석 보기

---

1 조사

1. を (~을/를)

この道**を**まっすぐ行って、あの橋**を**渡ってください。 통과

2. に (~에)

この薬は1日**に**3回飲んでください。

3. で (~으로, ~에)

病気**で**学校を休みました。 ☞p.96

3つ**で**1,000円です。

これは木**で**作った人形です。

4. は (~은/는)

宿題**は**家でやってください。 화제

私はお酒**は**飲みません。 부정의 조사

テニス**は**できますが、サッカー**は**できません。

5. も (~도, ~이나)

私は海**も**山**も**好きです。

かばんを3つ**も**買いました。 많이

6. が (~인데요)

もしもし。山田です**が**、鈴木さんいらっしゃいますか。

7. と (~라고, ~고)

この漢字は「やま」**と**読みます。

日本人は親切だ**と**思います。

8. から (~로부터)

石油<ruby>石油<rt>せきゆ</rt></ruby>**から**いろいろなものが<ruby>作<rt>つく</rt></ruby>られます。

9. 격조사 + は／も (~에는, ~로는, ~와는, ~에서도)

<ruby>日本<rt>にほん</rt></ruby>**には**きれいな<ruby>山<rt>やま</rt></ruby>がたくさんあります。

このバスは<ruby>駅<rt>えき</rt></ruby>**へは**<ruby>行<rt>い</rt></ruby>きません。

<ruby>友<rt>とも</rt></ruby>だち**とは**<ruby>話<rt>はな</rt></ruby>しましたが、<ruby>先生<rt>せんせい</rt></ruby>**とは**<ruby>話<rt>はな</rt></ruby>しませんでした。

<ruby>鈴木<rt>すずき</rt></ruby>さんは<ruby>家<rt>いえ</rt></ruby>**でも**<ruby>学校<rt>がっこう</rt></ruby>**でも**よく<ruby>勉強<rt>べんきょう</rt></ruby>します。

けっこん<ruby>式<rt>しき</rt></ruby>に<ruby>海外<rt>かいがい</rt></ruby>**からも**<ruby>友<rt>とも</rt></ruby>だちが<ruby>来<rt>き</rt></ruby>ました。

10. か (~인가, ~인지)

<ruby>何<rt>なに</rt></ruby>**か**<ruby>食<rt>た</rt></ruby>べましたか。

<ruby>明日<rt>あした</rt></ruby>**か**あさって、もう<ruby>一度<rt>いちど</rt></ruby><ruby>来<rt>き</rt></ruby>てください。 두 가지 선택지

11. しか + 부정 (~밖에 ~않다)

お<ruby>金<rt>かね</rt></ruby>が<ruby>少<rt>すこ</rt></ruby>し**しか**ありません。 부족·불충분

うちの<ruby>子<rt>こ</rt></ruby>どもはまんが**しか**<ruby>読<rt>よ</rt></ruby>みません。 ~밖에

12. ずつ (~씩)

この<ruby>資料<rt>しりょう</rt></ruby>を<ruby>1人<rt>ひとり</rt></ruby><ruby>1枚<rt>いちまい</rt></ruby>**ずつ**<ruby>取<rt>と</rt></ruby>ってください。

13. までに (~까지)

レポートはかならず<ruby>来週<rt>らいしゅう</rt></ruby>**までに**<ruby>出<rt>だ</rt></ruby>してください。 기한

14. でも (~라도, ~든지)

こんなかんたんなことは<ruby>子<rt>こ</rt></ruby>ども**でも**できるでしょう。 극단적인 예

もう<ruby>12時<rt>じ</rt></ruby>だから、<ruby>昼<rt>ひる</rt></ruby>ご<ruby>飯<rt>はん</rt></ruby>**でも**<ruby>食<rt>た</rt></ruby>べに<ruby>行<rt>い</rt></ruby>きましょうか。 완곡한 표현

あの<ruby>人<rt>ひと</rt></ruby>は<ruby>何<rt>なん</rt></ruby>**でも**よく<ruby>知<rt>し</rt></ruby>っています。 전체 긍정

15. とか (~든지, ~라든가)

私_{わたし}はケーキ**とか**アイスクリーム**とか**、あまいものが大好_{だい す}きです。

16. なあ (~네, ~구나)

どこか旅行_{りょこう}に行_いきたい**なあ**。

やってみよう！

정답 별책 P.10

1 (　　　) に何_{なに}を入_いれますか。1・2・3・4からいちばんいいものを1_{ひと}つえらんでください。

1）買_かい物_{もの}は全部_{ぜん ぶ} (　　　) 1,500円_{えん}でした。

   1 に　　　　　**2** が　　　　　**3** で　　　　　**4** ずつ

2）A：すみませんが、だれ (　　　) 手伝_{て つだ}っていただけませんか。

   B：あ、いいですよ。

   1 は　　　　　**2** が　　　　　**3** か　　　　　**4** に

3）ほら、鳥_{とり}が空_{そら} (　　　) とんでいますよ。

   1 を　　　　　**2** で　　　　　**3** に　　　　　**4** が

4）A：映画_{えい が}を見_みに行_いきましょう。いつがいいですか。

   B：休_{やす}みの日_ひなら、いつ (　　　) いいですよ。

   1 から　　　　**2** が　　　　　**3** でも　　　　**4** も

5）雨_{あめ} (　　　) 川_{かわ}の水_{みず}がふえましたから、気_きをつけてください。

   1 を　　　　　**2** で　　　　　**3** に　　　　　**4** が

6）A：私_{わたし}は毎日_{まいにち}12時間_{じ かん}くらい寝_ねます。

   B：え？ 12時間_{じ かん} (　　　) 寝_ねるんですか。

   1 に　　　　　**2** しか　　　　**3** も　　　　　**4** だけ

7) A：ちょっとお金を貸してください。

B：すみません。私も1,000円（　　　　）持っていないんです。

1 だけ　　　　**2** しか　　　　**3** から　　　　**4** くらい

8) きのうの夜、30分（　　　）勉強しました。

1 だけ　　　　**2** しか　　　　**3** から　　　　**4** まで

9) 今からミカンをくばります。1人3つ（　　　）取ってください。

1 ずつ　　　　**2** しか　　　　**3** が　　　　**4** で

2　＿＿★＿＿に入るものはどれですか。1・2・3・4からいちばんいいものを1つえらんでください。

1) 道を ＿＿＿＿ ＿＿＿＿ ＿★＿ ＿＿＿＿ つけてください。

1 気を　　　**2** わたる　　　**3** 車に　　　**4** ときは

2) 鈴木さんはピアノは ＿＿＿＿ ＿＿＿＿ ＿★＿ ＿＿＿＿ ありません。

1 あまり　　**2** 上手ですが　　**3** 上手じゃ　　**4** 歌は

3) 今日は8時 ＿＿＿＿ ＿＿＿＿ ＿★＿ ＿＿＿＿ じゅんびをしなければなりません。

1 会社へ　　**2** 会議の　　**3** 行って　　**4** までに

4) 私は ＿＿＿＿ ＿＿＿＿ ＿★＿ ＿＿＿＿ そうじをしています。

1 1回　　　**2** 部屋の　　**3** に　　　**4** 1週間

5) まだ ＿＿＿＿ ＿＿＿＿ ＿★＿ ＿＿＿＿ しませんか。

1 公園でも　　**2** 時間が　　**3** 散歩　　**4** あるから

2 부사

1. 정도를 나타내는 부사

あの人の話は**よく**わかりませんでした。 잘

7月は今より**もっと**暑いですよ。 더, 더욱

2. 예상·판단을 나타내는 부사

明日（あした）は**たぶん**いい天気（てんき）になるでしょう。 아마

3. 시간·변화·완료를 나타내는 부사

風（かぜ）が**だんだん**強（つよ）くなりました。 점점

あの人（ひと）は**まだ**仕事（しごと）をしています。 아직

もう時間（じかん）がありません。急（いそ）ぎましょう。 더 이상, 이제

4. 횟수·빈도를 나타내는 부사

日本（にほん）へ来（き）て、**はじめて**雪（ゆき）を見（み）ました。 처음

いつも自分（じぶん）で料理（りょうり）を作（つく）っていますが、**たまに**レストランで食事（しょくじ）します。 가끔

やってみよう！

정답 별책 P. 11

（　　　）に何（なに）を入（い）れますか。１・２・３・４からいちばんいいものを１つえらんでください。

1）A：（　　　）出張（しゅっちょう）のレポートを書（か）きましたか。

　　B：はい。きのう部長（ぶちょう）に出（だ）しました。

　　1 ちょっと　　**2** だんだん　　**3** よく　　　**4** もう

2）難（むずか）しい問題（もんだい）でも先生（せんせい）に説明（せつめい）してもらえば、（　　　）わかりますよ。

　　1 もう　　　**2** まだ　　　**3** あまり　　**4** よく

3）A：寒（さむ）いですね。

　　B：そうですね。でもこれから（　　　）寒（さむ）くなりますよ。

　　1 もっと　　**2** よく　　　**3** はじめて　　**4** あまり

4）リンさんは（　　　）冬休（ふゆやす）みは国（くに）へ帰（かえ）らないでしょう。

　　1 よく　　　**2** だんだん　　**3** たぶん　　**4** はじめて

5）10年前（ねんまえ）に（　　　）パソコンを買（か）ったときは、メールもできませんでした。

　　1 まだ　　　**2** はじめて　　**3** あまり　　**4** いつも

6) はじめはピアノがきらいでしたが、（　　　　　）おもしろくなりました。

   1 だんだん　　**2** たぶん　　　**3** よく　　　　**4** まだ

7) A：佐藤さんは（　　　　　）教室にいますか。

   B：いいえ。さっき帰りましたよ。

   1 もう　　　**2** まだ　　　　　**3** ちょっと　　**4** もっと

3　지시어

	こ	そ	あ	ど
사물의 모습, 상태	こんな ＋ **N**	そんな ＋ **N**	あんな ＋ **N**	どんな ＋ **N**
정도가 큰 모습	こんなに	そんなに	あんなに	どんなに
동작 방법	こう ＋ **N**	そう ＋ **N**	ああ ＋ **N**	どう ＋ **N**

① 今日は風が強くてとても寒い。**こんな**日はあたたかい料理が食べたくなる。

② **あんなに**がんばって練習したのに、ゆうしょうできなくてざんねんです。

③ **どんなに**おいしいケーキでも毎日食べたら、きらいになるでしょう。

④ ラーメンは**こう**やって作るとおいしくできます。

⑤ A：学校まで**どう**やって来ますか。

   B：自転車で駅まで行って、それから電車で30分くらいです。

やってみよう！

정답 별책 P.11

1) A：雨が降ったら（どんな・どんなに・どう）したらいいですか。

   B：雨なら中止ですが、わからなかったら電話してください。

2) A：（どんな・どんなに・どう）映画が好きですか。

   B：こわい映画が好きです。

3) 毎日（こんな・こんなに・こう）いっしょうけんめい勉強しているのに、

   テストでなかなか100点がとれない。

4 자동사·타동사

	자동사 [사물] 이 ~する	타동사 [사람] 이 [사물] 을 ~する
1	開く	開ける
2	上がる	上げる
3	集まる	集める
4	起きる	起こす
5	おちる	おとす
6	おれる	おる
7	変わる	変える
8	(かぎが) かかる	(かぎを) かける
9	かわく	かわかす
10	消える	消す
11	決まる	決める
12	こわれる	こわす
13	閉まる	閉める
14	育つ	育てる
15	たおれる	たおす
16	出る	出す
17	立つ	立てる
18	つく	つける
19	続く	続ける
20	とどく	とどける
21	止まる	止める
22	直る	直す
23	(病気が) なおる	(病気を) なおす
24	なくなる	なくす
25	のこる	のこす
26	並ぶ	並べる

27	入る	入れる
28	始まる	始める
29	冷える	冷やす
30	見つかる	見つける
31	回る	回す
32	やける	やく
33	われる	わる
34	わく	わかす
35	よごれる	よごす
36	片付く	片付ける
37	ぬれる	ぬらす
38	動く	動かす
39	売れる	売る
40	取れる	取る

やってみよう！

정답 별책 P.11

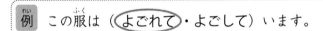

例 この服は（よごれて・よごして）います。

1) A：まどが（開いて・開けて）いますよ。

B：（開いて・開けて）おいてください。今からそうじをしますから。

2) ドアにかぎが（かかって・かけて）いますから、部屋に（入る・入れる）

ことができません。

3) A：あ、さいふが（おちて・おとして）いますよ。だれのかな？

B：すみません、私のです。

4) すみません、シャワーのお湯が（出ない・出さない）ので、

見ていただけませんか。

5) 今日はパーティーですから、テーブルの上にお皿やコップなどが

（並んで・並べて）あります。

11　便利な言葉　　169

N4

げんごちしき

（もじ・ごい）

（30分）

もんだい1　＿＿の　ことばは　ひらがなで　どう　かきますか。
　　　　　　　1・2・3・4から　いちばん　いい　ものを　ひとつ　えらんで　ください。

1　もうすぐ　春ですね。
　　1　なつ　　　　　2　はる　　　　　3　ふゆ　　　　4　あき

2　おととい　火事が　ありました。
　　1　ひじ　　　　　2　かじ　　　　　3　ほし　　　　4　ひし

3　うちの　ちかくに　工場が　できました。
　　1　こんば　　　　2　こうこう　　　3　こうじょう　4　こうぎょう

4　たなかさんは　親切な　ひとです。
　　1　しずか　　　　2　あんぜん　　　3　ねっしん　　4　しんせつ

5　あしたの　試験は　9時からです。
　　1　じけん　　　　2　しけん　　　　3　しいけん　　4　じっけん

6　このスープは　へんな　味が　します。
　　1　におい　　　　2　おに　　　　　3　あじ　　　　4　みい

7　せんせいの　説明を　聞きます。
　　1　せつみん　　　2　せっみん　　　3　せつめい　　4　せっめい

8　森の　なかを　さんぽします。
　　1　はたけ　　　　2　やま　　　　　3　もり　　　　4　はやし

9　レストランで　食事を　します。
　　1　しょっじ　　　2　しょくじ　　　3　そうじ　　　4　そくじ

もんだい2 ＿＿＿の ことばは どう かきますか。

　　　　　1・2・3・4から いちばん いい ものを ひとつ えらんで ください。

10 きょうは　てんきが　いいので、きのうより　あついです。

　　1　青い　　　　　2　熱い　　　　　3　厚い　　　　　4　暑い

11 わたしは　こどもに　ピアノを　おしえて　います。

　　1　教えて　　　　2　教えて　　　　3　教えて　　　　4　教えて

12 きれいな　けしきが　見えます。

　　1　景色　　　　　2　風色　　　　　3　風景　　　　　4　気色

13 ここは、こうつうが　べんりです。

　　1　校通　　　　　2　交通　　　　　3　校道　　　　　4　交道

14 ねこが　はこの　なかで　ないています。

　　1　里　　　　　　2　間　　　　　　3　中　　　　　　4　内

15 けがを　していて、ちからが　でません。

　　1　力　　　　　　2　刀　　　　　　3　刃　　　　　　4　刀

もんだい3 （　　）に　なにを　いれますか。

　　　　　1・2・3・4から　いちばん　いい　ものを　ひとつ　えらんで　ください。

16 ホテルの　まどから　（　　　）　やまが　みえます。
　　1　あたたかい　　2　うつくしい　　3　せまい　　　　4　おいしい

17 （　　　）は　どちらですか。
　　1　おたく　　　　2　おれい　　　　3　おかげ　　　　4　おいのり

18 まどの　ガラスが　（　　　）　います。
　　1　こわれて　　　2　きれて　　　　3　われて　　　　4　やぶれて

19 やまださんは　あの　（　　　）を　きている　ひとです。
　　1　カラー　　　　2　スーツ　　　　3　スキー　　　　4　カーテン

20 わたしは　（　　　）ダンスの　せんせいに　なりたいです。
　　1　しゅみ　　　　2　けいけん　　　3　しょうらい　　4　ゆめ

21 わたしは　この　ホテルに　（　　　）ことが　あります。
　　1　とめた　　　　2　すいた　　　　3　すんだ　　　　4　とまった

22 あした　にもつが　（　　　）よていです。
　　1　とどく　　　　2　おくる　　　　3　だす　　　　　4　つける

23 わたしは　（　　　）プールへ　およぎに　いきます。
　　1　たいへん　　　2　たまに　　　　3　だいじに　　　4　あんぜんに

24 おきゃくさんが　たくさん　きたので　スリッパが　（　　　）。
　　1　かりません　　2　たりません　　3　なりません　　4　かいません

もんだい4 ＿＿＿の ぶんと だいたい おなじ いみの ぶんが あります。
1・2・3・4から いちばん いい ものを ひとつ えらんで ください。

25 わたしは びっくりしました。
1 わたしは おこりました。
2 わたしは しんぱいしました。
3 わたしは なきました。
4 わたしは おどろきました。

26 リンさんの さくぶんは いつも すばらしいです。
1 リンさんは さくぶんが とても へたです。
2 リンさんは さくぶんが とても きれいです。
3 リンさんは さくぶんが とても じょうずです。
4 リンさんは さくぶんが とても すきです。

27 わたしの にほんごの せんせいは はは です。
1 わたしは ははに にほんごを ならって います。
2 ははは わたしと にほんごを まなんで います。
3 ははは わたしの にほんごの がくせいです。
4 わたしは ははと にほんごを おしえて います。

28 けさ じゅぎょうに まにあいませんでした。
1 けさ じゅぎょうを やすみました。
2 けさ じゅぎょうに いきませんでした。
3 けさ じゅぎょうに おくれました。
4 けさ じゅぎょうを まちませんでした。

29 くるまに ちゅういして みちを わたります。
1 くるまを はっけんして みちを わたります。
2 くるまに きが ついて みちを わたります。
3 くるまに のらないで みちを わたります。
4 くるまに きを つけて みちを わたります。

もんだい5 _____の ことばの つかいかたで いちばん いい ものを
1・2・3・4から ひとつ えらんで ください。

30 じゃま

1 あには じゃまなので びょういんへ いきました。

2 このごろ からだが じゃまな ひとが おおく なりました。

3 ともだちの うちは じゃまでした。

4 この はこは じゃまなので あそこへ はこんで ください。

31 こわい

1 この やさいは からだに とても こわいです。

2 いもうとは こわい はなしが すきです。

3 きのう こわい カメラを かいました。

4 エアコンが すこし こわいので けして ください。

32 ようじ

1 きょうは ようじが あるので はやく かえります。

2 しんせつな ともだちが ようじして くれました。

3 ようじが ありましたから けいさつに とどけました。

4 ようじしますから きょうは さんかできません。

33 うえる

1 たなに ほんが きれいに うえて あります。

2 じが ちいさいので もう すこし うえて ください。

3 にわに きれいな はなが うえて あります。

4 ドアを あけたら うえて しまいました。

34 わかす

1 まず おゆを わかして ください。

2 こいびとを わかして しまいました。

3 すみませんが、100えん わかして ください。

4 1じかん わかして おいしい スープを つくります。

176

N4

言語知識（文法）・読解

（60分）

もんだい1 （　　　）に 何を 入れますか。
1・2・3・4から いちばん いい ものを 一つ えらんで ください。

1 この道（　　　） 歩いていくと、右に 富士山が 見えますよ。
　　1 を　　　　　2 に　　　　　3 で　　　　　4 が

2 A「日曜日、どこ（　　　） 行きましたか。」
　　B「いいえ。ずっと うちに いました。」
　　1 を　　　　　2 へ　　　　　3 が　　　　　4 か

3 黒（　　　） 青の ボールペンで 書いて ください。
　　1 で　　　　　2 も　　　　　3 に　　　　　4 か

4 祖母は 歯が 弱くなったので、やわらかい 物（　　　） 食べられません。
　　1 だけ　　　　2 とか　　　　3 しか　　　　4 ずつ

5 A「うちは いつも 晩ごはんが 8時ごろに なって しまうんです。」
　　B「そうですか。私の うち（　　　） 6時ごろ 食べますよ。」
　　1 では　　　　2 には　　　　3 へは　　　　4 とは

6 A「旅行の 申し込み、まだ できますか。」
　　B「ええ。今週の 金曜日（　　　） 申し込んで ください。」
　　1 からは　　　2 からも　　　3 までは　　　4 までに

7 A「うちから 学校まで （　　　） かかりますか。」
　　B「40分くらいです。」
　　1 どんな　　　2 どうやって　　3 どう　　　4 どのくらい

8 明日は （　　　） 雨が 降ると 思います。
　　1 あまり　　　2 たぶん　　　3 まだ　　　4 だんだん

178

9 A「先月 貸した 本、もう 読んだ?」
　 B「ごめん。今 読んでいる（　　　）だから、もう ちょっと
　　　待って。」
　 1 ところ　　　 2 つもり　　　 3 そう　　　 4 こと

10 A「どうしたの?」
　 B「電車に かばんを（　　　）しまったんだ。」
　 1 わすれた　　　 2 わすれて　　　 3 わすれ　　　 4 わすれる

11 A「京都へ（　　　）ことが ありますか。」
　 B「ええ、去年 友だちと 行きました。」
　 1 行く　　　　 2 行った　　　 3 行って　　　 4 行っている

12 A「ちょっと 暗いですね。電気を（　　　）か。」
　 B「ええ、そうですね。」
　 1 つけましょう　　　　　　　 2 つけています
　 3 つけました　　　　　　　　 4 つけません

13 A「すみません。ゲームの よやくを（　　　）。」
　 B「じゃ、この 申込書に 書いて 出して ください。」
　 1 したんですが…　　　　　　 2 したいんですが…
　 3 したほうがいいですよ　　　 4 しましょうか

14 先生の 研究室に（　　　）、本を たくさん お借りしました。
　 1 いらっしゃって　　　　　　 2 うかがって
　 3 おいでになって　　　　　　 4 こられて

15 毎日 一生けんめい 勉強して、漢字が 少し（　　　）なりました。
　 1 読むことに　　　　　　　　 2 読めるように
　 3 読むために　　　　　　　　 4 読めるのに

もんだい2 ___★___ に 入る ものは どれですか。

1・2・3・4から いちばん いい ものを 一つ えらんで ください。

16 私は 外国へ 行って、食べた ___ ___ ___★___ ___
食べるのが 好きです。

1 ことが 　　 2 ものを 　　 3 ない 　　 4 めずらしい

17 週末、北海道へ 行く 予定でしたが、
飛行機の ___ ___ ___★___ ___ まだ わからないんです。

1 かどうか 　 2 とれなくて 　 3 行ける 　　 4 チケットが

18 A「出かけるの？」
B「うん。本屋で ___ ___ ___★___ ___ さそわれたから、
行ってくる。」

1 友だちに 　　　　　　　 2 アルバイト

3 コンサートに 　　　　　 4 している

19 来年の ___ ___ ___★___ ___ います。

1 思って 　　 2 すごそうと 　 3 日本で 　　 4 お正月は

20 A「この 新しい パソコンに ついて、知って いますか。」
B「わたしも 知りません。電気屋で ___ ___ ___★___ ___
と 思いますよ。」

1 わかる 　　 2 カタログを 　 3 読めば 　　 4 もらって

180

もんだい3 21 から 25 に 何を 入れますか。文章の 意味を 考えて、
1・2・3・4から いちばん いい ものを 一つ えらんで ください。

下の文章はドンさんが鈴木さんに送ったＥメールです。

鈴木さん

　きのうは　どうも　ありがとう　ございました。とても　楽しかったです。
鈴木さんの　友だちも　とても　明るくて、やさしいですね。帰るとき、
田中さん 21 石田さんが　新宿駅まで　連れていって　くれました。
22 まよわないで　帰ることが　できました。もう　何回も　鈴木さんの
うちに　行っている 23 、まだ　帰り道が　覚えられません。
　田中さんは、どんな　ところでも、一度 24 、ぜったいに　忘れない
そうですよ。すごいですね。
　また　パーティーを　する　ときは、ぜひ 25 ね。それでは　また。

ドン

21 1 と　　　　　　2 も　　　　　　3 が　　　　　　4 に

22 1 それでは　　　2 それで　　　　3 しかし　　　　4 たとえば

23 1 し　　　　　　2 から　　　　　3 と　　　　　　4 のに

24 1 歩くように　　2 歩けるから　　3 歩いたら　　　4 歩くのに

25 1 呼んでいます　　　　　　　　　2 呼びましょう
　　3 呼びます　　　　　　　　　　4 呼んでください

もんだい4 つぎの（1）から（4）の文章を読んで、質問に答えてください。

答えは、1・2・3・4からいちばんいいものを一つえらんでください。

（1）

お願い

・教室のエアコンの温度は、夏は25度、冬は22度です。上げたり下げたりすることはできません。電源のボタン以外にはさわらないでください。

・エアコンの使用中に窓を開けると、故障の原因になります。

外の空気を入れたいときは、エアコンを消してから窓を開けてください。

26 してもいいことは何ですか。

1 エアコンの温度を変えること

2 電源のボタンを押すこと

3 エアコンを使いながら、窓から外の空気を入れること

4 先に窓を開けてから、エアコンをつけること

（2）

お疲れさまです。

今晩の食事会の店が変わりました。

ちょっとわかりにくい場所なので、駅からいっしょに行きましょう。

18時に駅前の大きい時計のところで待っています。

遅れそうだったら、私か森下さんに電話をください。

それでは、またあとで。

山川　14：00

27　このメモをもらった人は、17時50分に仕事が終わりました。ここから駅まで20分かかります。このあと、どうしたらいいですか。

1　すぐ自分で食事の店に行きます。

2　駅前で山川さんを待ちます。

3　山川さんか森下さんに電話をかけます。

4　山川さんから電話が来るのを待ちます。

（3）

タンさん

こんにちは。上山です。
先週のタンさんのレポート、とてもよくできていました。

今日は、1つお願いがあります。
クラスのトミーさんは同じ寮に住んでいますね。
トミーさんに電話をかけても出ませんし、メールを送っても返事がありません。
申し訳ないのですが、トミーさんが部屋にいたら、私に連絡をするように伝えてください。
もし、旅行などをしていたら、タンさんから私に教えてください。
よろしくお願いします。

上山

kamiyama@abk.ac

28 上山先生がタンさんにお願いしたいことは何ですか。

1 次のレポートを書くこと
2 トミーさんの部屋へ行ってみること
3 旅行をすること
4 授業をすること

（4）

私はパン屋でパンを作っています。毎日作っていますが、作り方は毎日少しずつ違います。気温がどのくらいか、空気が乾いているか、そんなことも考えながら、焼く前の時間の長さや、水の量を変えなければなりません。それで、うまくできることもあるし、まあまあなこともあります。そんなとき、「ああ、パンは生き物だなあ」と思います。

29 「ああ、パンは生き物だなあ」と思うのはどうしてですか。

1 作るのに長い時間が必要だから

2 空気と水が必要だから

3 おいしいものができるから

4 いつも同じではないから

もんだい5 つぎの文章を読んで、質問に答えてください。

答えは1・2・3・4からいちばんいいものを一つえらんでください。

私の町は大きい川の近くにあります。昔から水のきれいな川でした。魚やカニがたくさんいて、鳥も集まってきます。川の水は、飲み水や生活、米作りにも使われています。

40年ぐらい前に、この川の近くに大きい工場ができました。町の人は「働くところができてよかった」と思いました。でも、「川が汚くなったら困る」と①心配した人もおおぜいいました。ちょうどそのころ、日本中のいろいろなところでそのような問題が起きていて、魚がとれなくなったり、病気になる人も出たりしていたからです。

会社は、「工場では川の水をたくさん使います。でも、使ったあとで、はじめの川の水よりきれいにしてから川に戻します」と説明しました。そして、会社は約束を守りました。

私はこの川が大好きです。きれいな川を、将来の子どもたちにも残したいです。人間だけではなく、ここに住んでいる生き物たち全部に残したいです。同じ考えの人がおおぜいいますから、きっと②できると思っています。

30 この川はどんな川ですか。

1 昔も今もきれいな川

2 昔はきれいだったが、今は汚い川

3 昔は汚かったが、今はきれいな川

4 昔も今も汚い川

31 ①心配した人はどうして心配しましたか。

1 働くところが少ないから

2 この川が汚くなったから

3 いろいろなところで川が汚くなっていたから

4 会社の人が説明したから

32 会社の人はどんな約束をしましたか。

1 工場を作る約束

2 働くところを作る約束

3 川の水をたくさん使う約束

4 川の水をきれいにして戻す約束

33 ②できると思っているのはどんなことですか。

1 工場で使った水をきれいにすること

2 会社が約束を守ること

3 川を汚くしないこと

4 同じ考えの人を増やすこと

もんだい6 つぎのＡとＢを見て、質問に答えてください。

答えは１・２・３・４からいちばんいいものを一つえらんでください。

34 青川中学校でバスケットボールをします。ボールのお金と体育館用のくつは必要ですか。

1 ボールのお金も、体育館用のくつも必要です。

2 ボールのお金は必要ですが、体育館用のくつは必要ありません。

3 ボールのお金は必要ありませんが、体育館用のくつは必要です。

4 ボールのお金も、体育館用のくつも必要ありません。

35 水曜日にテニスをしたいです。どうすればいいですか。

1 市役所のスポーツ係に電話で申し込みます。

2 市役所のスポーツ係に行って申し込みます。

3 赤山中学校に18時に行きます。

4 青川中学校に15時に行きます。

A

スポーツをしませんか。

・市内の中学校で、どなたでもスポーツができます。

・申し込みはいりません。始まる時間までに、会場に行ってください。

・費用は無料です。

・道具は借りることができますが、卓球（ピンポン）のボールが必要な人は、

　1つ100円で買ってください。

・体育館を使う場合は、体育館用のくつを必ず持ってきてください。

・準備・片付け・掃除は、時間内にみんなでいっしょに行ってください。

・わからないことがあれば、市役所のスポーツ係（電話：13-946-2171）に

　お聞きください。

B

バスケットボール	赤山中学校（体育館）	火	18時〜21時
	青川中学校（校庭）	土	15時〜18時
バレーボール	白海中学校（体育館）	火	18時〜21時
	青川中学校（体育館）	木	18時〜21時
テニス	赤山中学校（校庭）	水	18時〜21時
	白海中学校（校庭）	金	18時〜21時
卓球（ピンポン）	青川中学校（体育館）	水	18時〜21時
	白海中学校（体育館）	木	18時〜21時
	赤山小学校（体育館）	土	15時〜18時

N4

<ruby>聴解<rt>ちょうかい</rt></ruby>

（35<ruby>分<rt>ふん</rt></ruby>）

もんだい1

　もんだい1では、まず　しつもんを　聞いて　ください。それから　話を　聞いて、
もんだいようしの　1から4の　中から、いちばん　いい　ものを　一つ　えらんで　ください。

1ばん 📢 60

　1　レストランを　よやくする
　2　りょうりを　スーパーで　買う
　3　りょうりを　作る
　4　飲みものを　買う

2ばん 📢 61

　1　うけつけに　行く
　2　ばんごうの　かみを　とる
　3　名前を　書く
　4　カードを　作る

3ばん 📢 62

1

2

3

4

4ばん

1 ばしょを 見てから、電話する
2 電話を してから、しけんを うける
3 ばしょを 見てから、えいごの べんきょうを する
4 電話を してから、えいごの べんきょうを する

5ばん

1 水を やりすぎない こと
2 水を じゅうぶん やる こと
3 1日に 3回、毎日 水を やる こと
4 あつくなったら 毎日 水を やる こと

6ばん

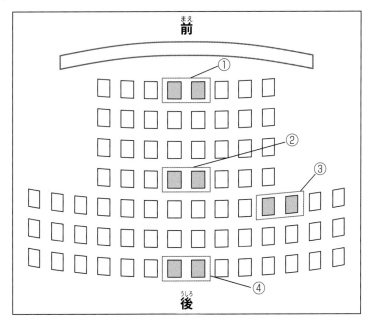

7ばん

1 おおさかへ 行く
2 かいぎを する
3 チケットを よやくする
4 データを チェックする

8ばん

1

2

3

4

もんだい2

もんだい2では、まず　しつもんを　聞いて　ください。そのあと　もんだいようしを
見てください。読む　時間が　あります。それから　話を　聞いて、もんだいようしの
1から4の　中から、いちばん　いい　ものを　一つ　えらんで　ください。

1ばん　🔊 68

1　じぶんたちで　きめた　ところへ　行く　こと

2　きょうしつで　できない　ことを　する　こと

3　先生は　いっしょに　行かない　こと

4　友だちと　いっしょに　見学する　こと

2ばん　🔊 69

1　ダンスが　好きだから

2　ダイエットを　したいから

3　学校で　ダンスを　おしえるから

4　ストレスが　おおいから

3ばん　🔊 70

1　ねだんが　高いから

2　サービスが　わるいから

3　買わなくても　あるから

4　しなものが　よくないから

4ばん　🔊 71

1　午前　10時から

2　午前　11時から

3　午後　1時から

4　午後　4時から

5ばん 🔊 72

1 しごとが いそがしいから

2 お金が ないから

3 友だちと りょこうするから

4 りょうしんに 会いたいから

6ばん 🔊 73

1 毎日 作る

2 あさ はやく おきた とき 作る

3 外で 食べる とき 作る

4 前の 日に りょうりを した とき 作る

7ばん 🔊 74

1 たまごが きらいだから

2 おなかが いっぱいだから

3 この 人の 体に よくないから

4 明日 びょういんへ 行くから

もんだい3

　もんだい3では、えを　見_みながら　しつもんを　聞_きいて　ください。➡（やじるし）の
人_{ひと}は　何_{なん}と　いいますか。　1から3の　中_{なか}から、いちばん　いい　ものを　一_{ひと}つ
えらんで　ください。

1ばん 🔊 75

2ばん 🔊 76

3ばん 🔊 77

4ばん  🔊 78

5ばん 🔊 79

もんだい４

　もんだい４では、えなどが　ありません。まず　ぶんを　聞いて　ください。それから　その　へんじを　聞いて、1から3の　中から、いちばん　いい　ものを　一つ　えらんで　ください。

― メモ ―

1ばん　🔊 80

2ばん　🔊 81

3ばん　🔊 82

4ばん　🔊 83

5ばん　🔊 84

6ばん　🔊 85

7ばん　🔊 86

8ばん　🔊 87

문형 색인

＊표시 부분의 겸양어는 사전형으로 쓰이는 경우가 거의 없으므로 ます형으로 표기하였습니다.

유사 문형 리스트

문형	예문	레벨	번호	페이지
~そうだ	의미 ①~일 것 같다 ②~이라고 한다			
	外は、寒そうです。	N4	2	p.19
	留学生はこれからふえそうです。	N4	37	p.73
	空が暗くなってきた。雨が降りそうです。	N4	51	p.93
	動物園でパンダの赤ちゃんが生まれたそうです。	N4	81	p.138
~て、…	의미 ①~하고 ②~해서			
	毎朝6時に起きて、顔を洗って、新聞を読みます。	N5		
	シートベルトをして運転してください。	N4	8	p.26
	けっこん式でひさしぶりに友だちに会えて、楽しかったです。	N4	53	p.96
~ている	의미 ①~하고 있다 ②~인 상태이다			
	小林さんはあそこで本を読んでいますよ。	N5		
	私は毎朝牛乳を飲んでいます。	N5		
	あ、さいふがおちていますよ。だれのでしょうか。	N4	30	p.61
	A：リンさんは、来ましたか。 B：いいえ、まだ来ていません。	N5		
~ておく	의미 ①~해 두다			
	旅行に行く前に、ホテルをよやくしておきます。	N4	42	p.79
	A：この資料、片付けてもいいですか。 B：まだ使いますから、そのままにしておいてください。	N4	50	p.93
~てしまう	의미 ①~을 끝내다 ②~해 버리다			
	今日の宿題はもう全部やってしまいました。	N4	10	p.28
	電車の中にかさを忘れてしまいました。	N4	39	p.75
~にする	의미 ①~으로 하다 ②~하기로 하다			
	ストーブをつけて、部屋をあたたかくしましょう。	N5		
	A：来週京都に行くとき、バスで行きますか。それとも新幹線にしますか。 B：新幹線にします。	N4	74	p.126
	最近、目が悪くなったので、めがねをかけることにしました。	N4	21	p.47
~になる	의미 ①~하게 되다 ②~하기로 되어있다			
	もう春ですね。あたたかくなりました。	N5		

～になる	来月<ruby>来月<rt>らいげつ</rt></ruby>ニューヨークへてんきんすることになりました。	N4	45	p.83
	<ruby>来週<rt>らいしゅう</rt></ruby>の<ruby>月曜日<rt>げつようび</rt></ruby>、<ruby>友<rt>とも</rt></ruby>だちと<ruby>映画<rt>えいが</rt></ruby>を<ruby>見<rt>み</rt></ruby>ることになっています。	N4	86	p.144
ほしい	의미 ①~를 갖고 싶다 ②~하길 바라다			
	<ruby>私<rt>わたし</rt></ruby>は<ruby>新<rt>あたら</rt></ruby>しいパソコンがほしいです。	N5		
	<ruby>来週<rt>らいしゅう</rt></ruby>のよていがわかったら、すぐに<ruby>私<rt>わたし</rt></ruby>に<ruby>知<rt>し</rt></ruby>らせてほしいんですが…。	N4	93	p.159
～ように	의미 ①~하도록 ②~하도록 하다 ③~하게 되다			
	やくそくの<ruby>時間<rt>じかん</rt></ruby>に<ruby>遅<rt>おく</rt></ruby>れないように、<ruby>早<rt>はや</rt></ruby>く<ruby>家<rt>いえ</rt></ruby>を<ruby>出<rt>で</rt></ruby>ました。	N4	55	p.99
	Ａ：けんこうのために、<ruby>少<rt>すこ</rt></ruby>し<ruby>運動<rt>うんどう</rt></ruby>したほうがいいですよ。 Ｂ：じゃ、これから<ruby>毎日<rt>まいにち</rt></ruby>１<ruby>時間<rt>じかん</rt></ruby>くらい<ruby>歩<rt>ある</rt></ruby>くようにします。	N4	92	p.157
	<ruby>日本<rt>にほん</rt></ruby>へ<ruby>来<rt>き</rt></ruby>たときは、なっとうが<ruby>食<rt>た</rt></ruby>べられませんでしたが、<ruby>今<rt>いま</rt></ruby>は<ruby>食<rt>た</rt></ruby>べられるようになりました。	N4	61	p.109
	<ruby>日本<rt>にほん</rt></ruby>へ<ruby>来<rt>き</rt></ruby>てから、<ruby>自分<rt>じぶん</rt></ruby>で<ruby>料理<rt>りょうり</rt></ruby>を<ruby>作<rt>つく</rt></ruby>るようになりました。	N4	85	p.143
～られる	의미 ①~되다 ②~당하다			
	<ruby>私<rt>わたし</rt></ruby>はスミスさんにパーティーにしょうたいされました。	N4	18	p.44
	<ruby>今夜<rt>こんや</rt></ruby>ここでパーティーが<ruby>開<rt>ひら</rt></ruby>かれます。	N4	29	p.59
	<ruby>私<rt>わたし</rt></ruby>は<ruby>犬<rt>いぬ</rt></ruby>に<ruby>手<rt>て</rt></ruby>をかまれました。	N4	49	p.89
あげる	의미 ①주다 ②~해 주다			
	<ruby>私<rt>わたし</rt></ruby>は<ruby>日本人<rt>にほんじん</rt></ruby>の<ruby>友<rt>とも</rt></ruby>だちに<ruby>国<rt>くに</rt></ruby>のおかしをあげました。	N4	18	p.44
	<ruby>私<rt>わたし</rt></ruby>はきのう<ruby>妹<rt>いもうと</rt></ruby>にゲームを<ruby>買<rt>か</rt></ruby>ってあげました。	N4	18	p.44
	<ruby>私<rt>わたし</rt></ruby>は<ruby>先生<rt>せんせい</rt></ruby>に<ruby>国<rt>くに</rt></ruby>のおみやげをさしあげました。	N4	18	p.44
もらう	의미 ①받다 ②~해 주다/~해 받다			
	たんじょう<ruby>日<rt>び</rt></ruby>に<ruby>友<rt>とも</rt></ruby>だちにプレゼントをもらいました。	N4	36	p.72
	<ruby>私<rt>わたし</rt></ruby>は<ruby>友<rt>とも</rt></ruby>だちに<ruby>新幹線<rt>しんかんせん</rt></ruby>のチケットのよやくの<ruby>仕方<rt>しかた</rt></ruby>を<ruby>教<rt>おし</rt></ruby>えてもらいました。	N4	36	p.70
	<ruby>大川<rt>おおかわ</rt></ruby>さんからお<ruby>礼<rt>れい</rt></ruby>の<ruby>手紙<rt>てがみ</rt></ruby>をいただきました。	N4	79	p.135
	きのう<ruby>部長<rt>ぶちょう</rt></ruby>にお<ruby>昼<rt>ひる</rt></ruby>をごちそうしていただきました。	N4	79	p.135
くれる	의미 ①주다 ②~해 주다			
	<ruby>姉<rt>あね</rt></ruby>はいつも<ruby>私<rt>わたし</rt></ruby>におかしをくれます。	N4	60	p.107
	<ruby>子<rt>こ</rt></ruby>どものとき、<ruby>祖母<rt>そぼ</rt></ruby>はよく<ruby>私<rt>わたし</rt></ruby>に<ruby>本<rt>ほん</rt></ruby>を<ruby>読<rt>よ</rt></ruby>んでくれました。	N4	60	p.107
	<ruby>部長<rt>ぶちょう</rt></ruby>はけっこんのおいわいにきれいな<ruby>絵<rt>え</rt></ruby>をくださいました。	N4	60	p.107
	<ruby>先生<rt>せんせい</rt></ruby>はいい<ruby>大学<rt>だいがく</rt></ruby>をしょうかいしてくださいました。	N4	60	p.107

N4 Can Do List

장	타이틀	できること	문법 포인트
1	あいさつの言葉 인사말	● 基本的なあいさつや決まった表現を言うことができる。 기본적인 인사나 일반적인 표현을 말할 수 있다. ● あいさつされたときに決まった受け答えができる。 인사를 받았을 때 그에 맞는 응답을 할 수 있다.	
2	おかし作り 과자 만들기	● 手作りの物などを謙遜しながらすすめることができる。 직접 만든 것을 상대방에게 공손하게 권유할 수 있다. ● 手作りの物などについて説明することができる。 직접 만든 것에 대해 상대방에게 설명할 수 있다.	1 食べてみてください 2 おいしそうですね 3 作ったんですか 4 作り方 5 作り方を習ったので 6 作ることができる 7 おいしいかどうか 8 このフルーツソースをかけて 9 かわをむかないで 10 全部食べてしまったら 11 時間があったら 12 かんたんに作れます
3	けっこん式 결혼식	● 言葉などの意味を簡単に説明できる。 단어나 말의 의미를 간단히 설명할 수 있다. ● 習慣や規則について説明したり質問したりできる。 관습이나 규칙에 대해 설명하거나 질문할 수 있다. ● 習慣や規則について説明したり質問したりできる。 관습이나 규칙에 대해 설명하거나 질문할 수 있다. ● 習慣などについてアドバイスをすることができる。 관습 등에 대해 상대방에게 조언을 해줄 수 있다.	13 名前という意味です 14 けっこん式にしょうたいされた 15 けっこん式は6月なのに 16 席を決めなければなりません 17 だれが参加してもいい 18 どんなものをあげるんですか 19 あげなくてもいい 20 あげたほうがいい 21 あげることにします
4	私の町ハノイ 나의 고향 하노이	● 出身地を話題にして紹介することができる。 출신 지역에 대해 소개할 수 있다.	22 行ったことがありますか 23 どんなところか知っていますか 24 7月になると 25 ハノイは東京よりずっと小さいです 26 その湖のまわり 27 散歩するのが好きです 28 歩くのに1時間かかりません 29 かめながさられています

206

7	大好きなピアノ 제일 좋아하는 피아노	●趣味や習い事について、自分が考えている今後の希望や計画が言える。 취미나 배우는 것에 대해 앞으로의 희망이나 계획을 말할 수 있다.	62 ピアノの楽しさ 63 練習しよう 64 しようと思っています 65 父のために 66 ひくつもりです 67 子どもに習わせたい
8	旅館のよやく 료칸 예약	●電話で、係の人に自分の希望を伝えたり、質問したりして、予約することができる。 전화로 직원에게 자신의 희망을 전달하거나 문의하여 예약을 할 수 있다. ●電話で、係の人の説明を理解して対応することができる。 전화로 직원의 설명을 이해하고 답할 수 있다.	68 山下旅館でございます 69 お願いしたいんですが 70 いつでしょうか 71 和室と洋室とどちらがよろしいでしょうか 72 和室のほうがいい 73 洋室より和室のほうが少し広いです 74 和室にします 75 道はわかりやすいと思う 76 わかりにくいかもしれません 77 お待ちしています
9	ゆうしょうインタビュー 우승 인터뷰	●インタビューなどでていねいな質問を聞いて、理解することができる。 인터뷰 등에서 정중한 질문을 듣고 이해할 수 있다. ●インタビューなどで質問に対して受け答えができる。 인터뷰 등에서 질문에 대한 대답을 할 수 있다. ●インタビューなどでていねいな質問を聞いて、理解することができる。 인터뷰 등에서 정중한 표현의 질문을 듣고 이해할 수 있다. ●自分の感想や今後の予定を言うことができる。 자신의 감상이나 앞으로의 계획을 말할 수 있다.	78 お気持ち 79 おうえんしていただいた 80 いんたいされる 81 いんたいされるそうです 82 試合中 83 考えていらっしゃいましたか 84 せんしゅ生活で何がいちばんよかったですか 85 プレーするようになりました 86 教えることになっています 87 ゆっくりお休みになって
10	アルバイトのめんせつ 아르바이트 면접	●アルバイトの面接を受けて、専攻や経験なども含め、ていねいに自己紹介ができる。 아르바이트 면접에서 전공과 경험 등을 정중하게 소개할 수 있다. ●アルバイトの面接を受けて、条件や注意事項などを聞いて理解することができる。 아르바이트 면접을 보고, 조건이나 주의사항 등을 듣고 이해할 수 있다.	88 お入りください 89 アメリカから参りました 90 TOEFLのクラスなら大丈夫 91 使ってはいけない 92 話さないようにします 93 来てほしい

TRY！
トライ！
JLPT 일본어 N4
능력시험

초급2 **문법으로 입 트이는 일본어** ▶

べっさつ

별책

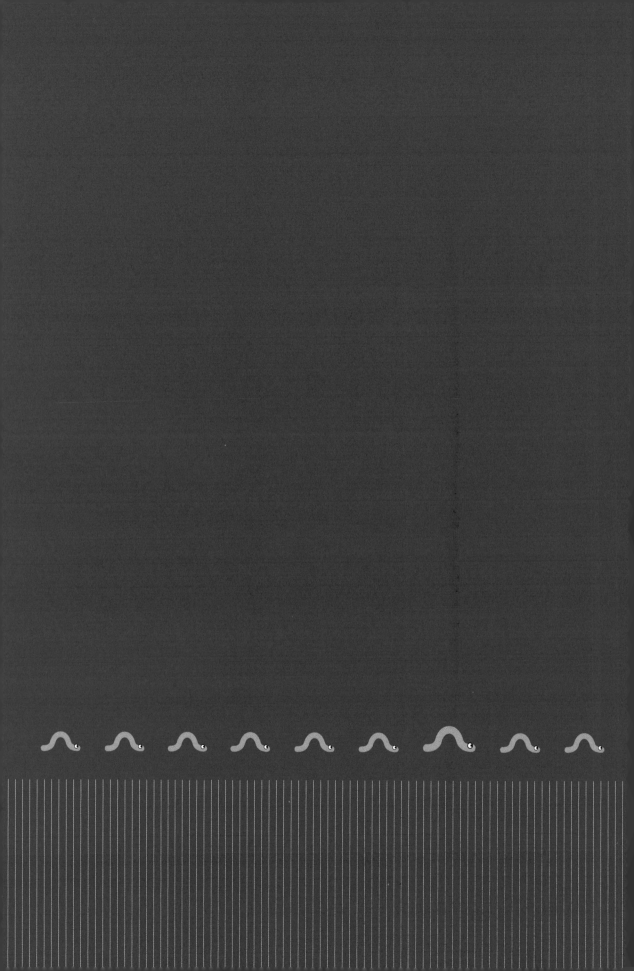

정답

① あいさつの言葉

▶問題 p.17

1 2 🔊 06

M：すみません。これください。
F：1　はい、お大事に。
　　2　はい、かしこまりました。
　　3　よくいらっしゃいました。

2 2 🔊 07

F：いってらっしゃい。
M：1　行ってきました。
　　2　行ってきます。
　　3　いってらっしゃい。

3 1 🔊 08

M：ただいま。
F：1　お帰りなさい。
　　2　お帰りください。
　　3　帰りますか。

4 2 🔊 09

F：かぜで、ちょっと頭が痛くて…。
M：1　おかげさまで。
　　2　大丈夫ですか。
　　3　お世話になります。

② おかし作り

1

▶問題 p.19

1）入って
2）して
3）見て
4）着て
5）飲んで

2

▶問題 p.20

1）高・安
2）忙し・ひま
3）やさし・きびし

3

▶問題 p.21

1）下手な
2）出す
3）痛い
4）わからない

4

▶問題 p.22

1）着方
2）使い方
3）あそび方
4）話し方

5

▶問題 p.23

1）好きな
2）日曜日な
3）こわれた
4）遠い

1

6

▶問題 p.24

1）自転車に乗ることができません

2）泳ぐことができません

3）修理する／直す／作ることができます

4）1000円で映画を見ることができます

7

▶問題 p.25

1）休み

2）おいしい

3）できる

4）行く

8

▶問題 p.27

1）ぼうしをかぶって

2）コートを着て

3）お弁当を持って

4）ドレスを着て／手袋をして／ネックレスをして

9

▶問題 p.28

1）入れないで

2）ささないで

3）あびないで

4）見ないで

10

▶問題 p.29

1）やって

2）書いて

3）買って

4）行って

11

▶問題 p.30

1）来たら

2）雨だったら

3）近かったら

4）終わったら

5）なったら

6）休んだら

12

▶問題 p.32

1）ひけます

2）見学できます

3）来られます

4）乗れます

▶問題 p.33

1）見えます

2）見られます

3）聞こえます

4）聞けます

③ けっこん式

13

▶問題 p.37

1）トイレがある

2）赤ちゃんがいる

3）今いない

14

▶問題 p.38

1）呼ばれ

2）起こされ

3）聞かれ

15

▶問題 p.40

1）d

2）b

3）c

4）e

16

▶問題p.41

1）かぶら

2）書か

3）し

4）取ら

17

▶問題p.43

1）止めて

2）入って

3）開けて

4）借りて

19

▶問題p.45

1）出さなくて

2）起きなくて

3）洗わなくて

4）飲まなくて

20

▶問題p.46

1）飲まない

2）そうだんした

3）止めない

4）勉強した・寝た

21

▶問題p.47

1）走る

2）食べない

3）する・作る

4）吸わない

④ 私の町ハノイ

22

▶問題p.51

1）とまった

2）見学した

3）乗った

4）着た

23

▶問題p.52

1）必要

2）ない

3）だった

4）来る

24

▶問題p.53

1）ない

2）曲がる

3）降らない

4）押す

5）渡る

6）古いパソコンだ

25

▶問題p.54

1）北海道・九州

2）スカイツリー・東京タワー

3）姉・私

26

▶問題p.55

1）それ

2）あの

3）その

5 ハイキングの計画

35

▶問題 p.70

1）部長はアメリカへ出張する

2）佐藤さんは駅前のレストランはおいしい

3）朝のテレビで午後はいい天気になる

36

▶問題 p.71

1 1）雨の日にかさを貸して

2）日本の着物の着方を教えて

3）すてきな歌を歌って

4）おいしい料理を作って

2 1）あげ

2）もらい

3）あげ

4）もらい

➕ Plus

▶問題 p.72

1）もらった

2）あげる

3）もらった

4）あげた

37

▶問題 p.73

1）にぎやかになり

2）かかり

3）かち

4）遅くなり

38

▶問題 p.74

1）使えば

2）忙しければ

3）出れば

4）よければ

5）3歳以下なら

6）わからなければ

39

▶問題 p.75

1）なくして

2）遅れて

3）まよって

4）忘れて

40

▶問題 p.76

1）かざって

2）はって

3）置いて／並べて

4）入れて

41

▶問題 p.77

1）むり

2）来る

3）おいしい

4）ない

42

▶問題 p.80

1）読んで

2）れんらくして

3）勉強して

4）復習して

43

▶問題 p.81

1）見つかる

2）いい

3）もらえる

4）かてる

44

▶問題 p.82

1) 100点

2) ある

3) 病気

4) 忘れている

45

▶問題 p.83

1) 留学する

2) 作る

3) 受けられる

4) しない

6 木の上の子ねこ

47

▶問題 p.88

1) ひいた

2) あそんでいる

3) きらいな

4) るすの

48

▶問題 p.89

1) はでな

2) 忘れた

3) 早い

4) いい

49

▶問題 p.90

1) ふまれ

2) 見られ

3) こわされて

4) 泣かれて

▶問題 p.91

1) ひいてもらいました

2) 見られて

3) 連れていってもらいました

4) 持ってもらいました

5) 持っていかれて

50

▶問題 p.93

1) 出しておいて

2) 置いておいて

3) 開けておいて

51

▶問題 p.94

1) 消え

2) なくなり

3) おち

4) 遅れ

52

▶問題 p.95

1) 行っても／急いでも

2) 上手じゃなくても

3) 英語ができなくても

4) 車でも

5) 古くても

▶問題 p.96

1) どこ

2) 何

3) いつ

53

▶問題 p.97

1) 止まって

2) 台風で

3) なくて

6

4）きれいで

5）からくて

54

▶問題p.98

1）買い

2）飲み

3）あま

4）かんたん

5）大き

55

▶問題p.99

1）聞こえる

2）ひかない

3）間に合う

4）なる

5）歌える

56

▶問題p.100

1）見られる・ある

2）軽い・いい

3）できる・まじめだ

4）日曜日だ・いい

7 大好きなピアノ

57

▶問題p.104

1）するな

2）止めるな

3）吸うな

4）撮るな

58

▶問題p.106

1）歩け

2）来い

3）片付けろ

4）曲がれ

59

▶問題p.107

1）×

2）って

3）って

4）って

60

▶問題p.108

1）くれて

2）くれた

3）もらい

61

▶問題p.109

1）泳げる

2）運転できる

3）食べられる

4）読める

62

▶問題p.110

1）便利さ

2）寒さ

3）重さ

4）やさしさ

63

▶問題p.112

1）作ろう

2）食べに行こう

3）手伝おう
4）帰ろう

▶問題p.112

64

1）しょうたいしよう
2）泳ごう
3）作ろう
4）行こう

65

▶問題p.113

1）見学する
2）送る
3）将来の
4）外国人の

66

▶問題p.114

1）やめる
2）行かない
3）する
4）作る

67

▶問題p.116

1）本とノートをかばんにしまわせました
2）ごみを捨てさせました
3）（を）社長室に来させました
4）（を）アメリカに出張させました
5）（に）上村さん／くんの世話をさせました

8 旅館のよやく

69

▶問題p.112

1）b

2）d
3）c
4）a

70

▶問題p.123

1）むりでしょうか
2）送ってもいいでしょうか
3）何時でしょうか
4）近いでしょうか

71

▶問題p.123

1）AスーパーとBスーパーとどちらが安いですか
2）午前と午後とどちらが忙しいですか
3）スキーとスノーボードとどちらが難しいですか
4）肉料理と魚料理とどちらがおいしいですか

72

▶問題p.124 ※예시답안

1）お茶のほうが好きです／ジュースのほうが好きです／どちらも好きです／どちらも好きじゃありません
2）ご飯のほうがいいです／パンのほうがいいです／どちらでもいいです
3）日本語のほうが上手に話せます／英語のほうが上手に話せます／どちらも上手に話せます／どちらも上手に話せません
4）すしのほうがいいと思います／てんぷらのほうがいいと思います／どちらでもいいと思います／どちらもよくないと思います

73

▶問題p.125

1）のほうが寒い
2）のほうがからい

3）のほうが安い

4）のほうがいいです／のほうが早いです

74

▶問題 p.126

1）いつ

2）ラーメン

3）外

4）タクシー

75

▶問題 p.128

1）飲み

2）覚え

3）住み

4）われ

76

▶問題 p.129

1）座り

2）使い

3）もえ

4）切り

77

▶問題 p.130

1）お調べ

2）お作り

3）ご説明

4）お持ち

▶問題 p.131

1）c

2）b

3）d

4）a

9 ゆうしょうインタビュー

79

▶問題 p.136

1）歌っていただきました

2）ひいていただきました

3）いただきました

4）撮っていただきました

80

▶問題 p.137

1）吸われます

2）聞かれます

3）出張されます

4）使われます

81

▶問題 p.138

1）合格した

2）できる

3）弱かった

4）サッカーのせんしゅだった

5）上手だ

82

▶問題 p.139

1）勉強中です／勉強中だ

2）研究中の

3）食事中な

83

▶問題 p.141

1）おっしゃいました

2）いらっしゃいます

3）ご覧になりました

4）ご存じです

84

▶問題 p.143 ※예시 답안
1）父、兄、弟　など
2）すし、キムチ、ボルシチ　など

85

▶問題 p.144
1）するように
2）飲まなく
3）よく話すように
4）歩かなく

86

▶問題 p.145
1）美術館へ行く
2）お弁当を食べる
3）学校へ帰る

87

▶問題 p.146
1）お買いになる
2）お使いになり
3）お休みになり
4）お帰りになる

⑩ アルバイトのめんせつ

88

▶問題 p.152
1）ごえんりょ
2）お召し上がり
3）ご注意
4）お使い

89

▶問題 p.154
1）お目にかかり・おります

2）うかがいます・いたします

90

▶問題 p.155
1）わかる
2）できる
3）すいて
4）大丈夫です

91

▶問題 p.157
1）止めて
2）出して
3）入って
4）撮って

92

▶問題 p.158
1）話す
2）書く
3）見る
4）読む

93

▶問題 p.159
1）安くして
2）ふやして
3）休まないで
4）やめないで

⑪ 便利な言葉

1　조사

1　▶問題 p.164
1）**3**　2）**3**　3）**1**　4）**3**
5）**2**　6）**3**　7）**2**　8）**1**
9）**1**

2

1) **3** （2→4→**3**→1）
2) **1** （2→4→**1**→3）
3) **3** （4→1→**3**→2）
4) **1** （4→3→**1**→2）
5) **1** （2→4→**1**→3）

2 부사

▶問題 p.166

1) **4**　2) **4**　3) **1**　4) **3**
5) **2**　6) **1**　7) **2**

3 지시어

▶問題 p.167

1) どう
2) どんな
3) こんなに

4 자동사・타동사

▶問題 p.169

1) 開いて・開けて
2) かかって・入る
3) おちて
4) 出ない
5) 並べて

まとめの問題
정답・스크립트

2 おかし作り

▶問題 p.34

もんだい1

| 1 | **3** （4→1→**3**→2）
| 2 | **3** （2→4→**3**→1）
| 3 | **2** （1→4→**2**→3）
| 4 | **4** （2→1→**4**→3）

もんだい2

| 1 | **1**
| 2 | **4**
| 3 | **3**
| 4 | **1**

もんだい3

1

| 1 | **4** 🔊12

男の人と女の人が話しています。男の人は今すぐ何をしますか。

> M：すみません。コピー、すぐ終わりますか。
>
> F：あ、すみません。もう少しかかります。
>
> M：忙しそうですね。
>
> F：ええ。これから会議なので、会議で使うのをコピーしているんです。
>
> M：そうですか。じゃあ、部屋にいますから、コピーが終わったら呼んでください。
>
> F：はい。わかりました。

男の人は今すぐ何をしますか。

男の人と女の人が話しています。女の人は週末
どうしますか。

> M：もしもし、田中さん。今週のアジアフェ
> スティバルのことですが…。
>
> F：え、アジアフェスティバル、今週です
> か？
>
> M：ええ、今度の日曜日ですけど、田中さん
> も行くでしょう？
>
> F：実は、日曜日は友だちが京都からあそび
> に来るんです。
>
> M：じゃあ、行けないんですか。
>
> F：でも、私も行きたいので、友だちにきょ
> うみがあるかどうか聞いてみます。それ
> から、またれんらくします。

女の人は週末どうしますか。

2

1 🔊 14

> F：どうしたんですか。
>
> M：1　歯が痛いんです。
>
> 　　2　テニスをしました。
>
> 　　3　明日します。

③ けっこん式

▶問題 p.48

もんだい1

1	**3**	（2→4→**3**→1）
2	**1**	（4→2→**1**→3）
3	**1**	（2→3→**1**→4）
4	**1**	（2→4→**1**→3）
5	**4**	（2→3→**4**→1）
6	**1**	（4→3→**1**→2）
7	**2**	（3→4→**2**→1）

もんだい2

| 1 | 3 |
| 2 | 1 |

| 3 | 1 |
| 4 | 1 |

もんだい3

1 2 🔊 17

女の人と男の人がそつぎょう式の会場でじゅん
びをしています。男の人は今から何をします
か。

> F：あれ、林さん、どうしたんですか。
>
> M：みなさんに渡すプレゼントを忘れたんで
> す。
>
> F：じゃあ、私が取ってきますよ。林さんは
> あいさつがあるんですから。
>
> M：すみません。じゃあ、お願いします。
>
> F：はい。林さん、そつぎょう式が始まるま
> で、少し休んだほうがいいですよ。
>
> M：ええ。でも、まだじゅんびをしなければ
> なりませんから。

男の人は今から何をしますか。

2 1 🔊 18

女の人と男の人が話しています。女の人はどう
してテキストをあげましたか。

> F：英語のテキスト、もう買った？
>
> M：ううん、まだ買っていない。今日バイト
> のきゅうりょうが出るから…。
>
> F：ちょうどよかった。これ、使って。
>
> M：え？　いいの？
>
> F：先輩にもらったんだけど、私、同じ時間
> の中国語の授業を受けたいから。
>
> M：ありがとう。じゃ、お礼はケーキで。
> 今日の午後、どう？

女の人はどうしてテキストをあげましたか。

④ 私の町ハノイ

▶問題 p.66

もんだい1

| 1 | **1** | （2→4→**1**→3） |

2	**3** （1→2→**3**→4）
3	**3** （1→4→**3**→2）
4	**3** （2→1→**3**→4）
5	**2** （3→1→**2**→4）
6	**4** （2→1→**4**→3）

もんだい2

| 1 | **2** |
| 2 | **3** |

もんだい3

| 1 | **1** | 🔊 21 |

男の人と女の人が話しています。2人は今、何をしていますか。

M：あ、写真ですか。見せてください。

F：ええ。それは、ちょうどバスを降りたところです。

M：ああ、そうですか。

F：後ろに山が見えるでしょう？　その山に登ったんです。登るのに3時間かかりました。

M：へえ、疲れたでしょう？

F：ええ。でも楽しかったですよ。こっちの写真は、山の上でご飯を食べているところです。

2人は今、何をしていますか。

| 1 | **2** | 🔊 22 |

男の人と女の人が話しています。男の人はこの映画を見たことがありますか。

M：山田さん、今週の土曜日、映画に行きませんか。

F：どんな映画ですか。

M：『4月の雨』という映画です。前に一度見たことがあるんですが、とてもすてきな映画ですよ。

F：そうですか。その映画、どんな話か覚えていますか。

M：大学生のときの思い出の話です。いい映

画ですよ。

F：そうですか。

男の人はこの映画を見たことがありますか。

5　ハイキングの計画

▶問題p.84

もんだい1

1	**1** （4→3→**1**→2）
2	**3** （1→4→**3**→2）
3	**3** （4→2→**3**→1）
4	**1** （4→2→**1**→3）
5	**4** （3→2→**4**→1）

もんだい2

1	**1**
2	**3**
3	**2**
4	**3**

もんだい3

1

| 1 | 🔊 25 |

男の人と女の人が話しています。男の人は今日何をしましたか。

M：駅前に新しいレストランができたね。

F：うん。そうらしいね。鈴木さんが安くておいしいと言っていたよ。

M：明日行ってみない？　実は今朝よやくしておいたんだ。

F：わあ、もうよやくしてあるんだ。それで、明日どこで会う？

M：12時に駅で。

F：わかった。

M：じゃ、明日。

男の人は今日何をしましたか。

2

| 1 | 1 | 🔊 26 |

F：中村さん、会議室のよやくは？

M：1　はい、もうしてあります。

　　2　はい、するかもしれません。

　　3　はい、もうすぐしそうです。

| 2 | 3 | 🔊 27 |

F：富士山へ行くの、明日だね。楽しみ。

M：1　うん。富士山らしいね。

　　2　うん。明日かどうか…。

　　3　うん。いい天気だといいね。

| 3 | 1 | 🔊 28 |

M：今年の夏休みはどうするの？

F：1　国へ帰ることにしたよ。

　　2　国へ帰るところですよ。

　　3　国へ帰ったことがあるよ。

⑥ 木の上の子ねこ ～

▶問題 p.101

もんだい1

1	3	（2→4→**3**→1）
2	2	（4→1→**2**→3）
3	1	（3→2→**1**→4）
4	4	（2→1→**4**→3）
5	2	（4→3→**2**→1）
6	1	（4→3→**1**→2）

もんだい2

1	4
2	3
3	1
4	1

もんだい3

1

| 1 | 4 | 🔊 31 |

男の人と女の人が話しています。女の人が海外旅行でいちばん困ったことは何ですか。

M：はじめての海外旅行はどうだった？

F：実は、大変だったの。タクシーで道をまちがえられるし、買い物のときお金が足りなくなるし…。カードではらったけどね。

M：そう。

F：でもね、いちばん困ったのは、外国語での説明。トラブルがあっても、言葉がわかれば、説明できるんだけどね…。

M：そうだね。言葉は毎日少しでも勉強しておいたほうがいいね。

女の人が海外旅行でいちばん困ったことは何ですか。

| 2 | 1 | 🔊 32 |

女の人と男の人が話しています。男の人は明日まんがの本をどうしますか。

F：この間、貸したまんが、持ってきた？

M：あっ、ごめん。

F：えー。忘れないように、昨日メールしたし、今朝留守電にメッセージも入れたのに…。

M：ほんと？　今朝バイトがあって、留守電聞かなかった。

F：しょうがないな。今日ほかの友だちに貸すやくそくだったのに…。明日、かならず返してよ。

M：ごめん。

男の人は明日まんがの本をどうしますか。

2

| 1 | 3 | 🔊 33 |

F：ご家族と話せましたか。

M：1　いいえ、何回も電話すると出ないん

です。
　　2　いいえ、何回も電話したら出ないんです。
　　3　いいえ、何回電話しても出ないんです。

□2□ **1**　（◀)) **34**

M：明日は雪が降るらしいよ。
F：1　えー!?　まだ11月なのに。
　　2　えー!?　まだ11月のようだよ。
　　3　えー!?　まだ11月かもしれない。

□3□ **2**　（◀)) **35**

M：お客さんをむかえに行ってきます。
F：1　じゃあ、私は部屋のじゅんびをするようです。
　　2　じゃあ、私は部屋のじゅんびをしておきます。
　　3　じゃあ、私は部屋のじゅんびをしました。

⑦ 大好きなピアノ ～

▶問題 p.117

もんだい1
□1□ **1**　（3→2→**1**→4）
□2□ **3**　（4→2→**3**→1）
□3□ **4**　（2→1→**4**→3）
□4□ **4**　（2→1→**4**→3）
□5□ **4**　（3→1→**4**→2）

もんだい2
□1□ **2**
□2□ **2**
□3□ **4**
□4□ **1**

もんだい3
□1□ **3**

□2□ **1**
□3□ **2**

もんだい4
1
　2　（◀)) **38**

男の人と女の人が話しています。男の人はどうして女の人に注意しましたか。

M：ちょっと！　だめですよ。入口の前に止めては…。
F：え？　自転車で学校へ来てはいけませんか。
M：ここはちゅうりん禁止ですよ。ほら、この紙を見てください。
F：これはどういう意味ですか。
M：「ここに自転車を止めるな」という意味ですよ。
F：そうですか。すみません。
M：学校の横に止めてくださいね。
F：はい、わかりました。

男の人はどうして女の人に注意しましたか。

2
□1□ **1**　（◀)) **39**

F：もしもし、うちの水道の水が止まらないんです。
M：1　じゃ、すぐだれか行かせます。
　　2　じゃ、すぐ止まります。
　　3　じゃ、すぐ来てください。

□2□ **1**　（◀)) **40**

F：試合、ざんねんだったね。
M：1　うん。でも次はぜったいかつつもりだよ。
　　2　うん。でも次はぜったいかつところだよ。
　　3　うん。でも次はぜったいかつかどうかだよ。

15

3 **2** 🔊 41

M：あ、あれ有名なブランドの店だよ。
F：1　ちょっと、入りなさい！
　　2　ちょっと、入ってみる？
　　3　ちょっと、入りそうだね。

8 旅館のよやく

▶問題 p.132

もんだい1

1 **2**　（1→4→**2**→3）
2 **3**　（2→4→**3**→1）
3 **3**　（2→1→**3**→4）
4 **2**　（4→1→**2**→3）
5 **3**　（2→4→**3**→1）

もんだい2

1 **2**
2 **3**
3 **1**
4 **1**

もんだい3

1

　4　🔊 44

男の人と女の人が話しています。男の人は今から何をしますか。

M：あの、大木先生は今日お休みでしょうか。
F：ああ、今日はいらっしゃいませんよ。
M：そうですか。じゃ、明日また来ます。
F：先生は今週大阪へ出張なんですよ。
M：そうですか。困ったなあ。ろんぶんのことで電話してもいいと思いますか。
F：そうですね。電話よりメールのほうがいいと思いますよ。
M：じゃ、そうします。

男の人は今から何をしますか。

2

1 **2** 🔊 45

F：あ、お客様、出口はこちらでございます。
M：1　じゃ、それにします。
　　2　ありがとうございます。
　　3　出口でしょうか。

2 **2** 🔊 46

M：コーヒーはホットとアイスと、どちらにしますか。
F：1　コーヒーでございます。
　　2　ホット、お願いします。
　　3　コーヒーください。

3 **1** 🔊 47

M：重そうですね。お持ちしましょうか。
F：1　いいえ、大丈夫です。
　　2　こちらのほうが重いですよ。
　　3　大変ですね。

4 **1** 🔊 48

F：こちらのかばんはいかがですか。
M：1　あ、軽くて持ちやすいですね。
　　2　あ、持てませんね。
　　3　あ、持ってくれましたよ。

9 ゆうしょうインタビュー

▶問題 p.147

もんだい1

1 **4**　（2→1→**4**→3）
2 **1**　（4→3→**1**→2）
3 **3**　（1→2→**3**→4）
4 **4**　（2→1→**4**→3）
5 **4**　（3→1→**4**→2）
6 **3**　（2→1→**3**→4）
7 **2**　（3→1→**2**→4）

もんだい2

1	**3**
2	**2**
3	**4**
4	**1**

もんだい3

3

もんだい4

| 1 | **3** | 🔊 51 |

F：何を召し上がりますか。

M：1　はい、召し上がります。

　　2　すみません。いただきます。

　　3　じゃ、コーヒーを…。

| 2 | **1** | 🔊 52 |

M：あれ、空が暗くなってきましたね。

F：1　ええ、雨が降りそうですね。

　　2　ええ、雨が降ったそうですね。

　　3　ええ、雨が降ったんですね。

⑩ アルバイトのめんせつ

▶問題 p.160

もんだい1

1	**3**	（2→4→**3**→1）
2	**3**	（4→2→**3**→1）
3	**1**	（4→3→**1**→2）
4	**3**	（1→4→**3**→2）
5	**4**	（3→2→**4**→1）

もんだい2

1	**3**
2	**1**
3	**4**
4	**2**

もんだい3

1

| 1 | **4** | 🔊 55 |

電話で女の人と男の人が話しています。男の人は来週の月曜日、何をしますか。

F：ABC英語学校の山田と申しますが、スミスさんでいらっしゃいますか。

M：はい、そうです。

F：めんせつに来ていただき、ありがとうございました。それで、スミスさんにお願いすることになりました。

M：ありがとうございます。がんばりますので、よろしくお願いいたします。

F：では、教えていただく前に2週間くらい教え方の練習をしていただきますので、月曜日、6時に学校に来ていただけませんか。

M：月曜日の6時ですね。わかりました。

男の人は来週の月曜日、ABC英語学校で何をしますか。

| 2 | **2** | 🔊 56 |

キャンプ場の係の人が話しています。このキャンプ場で、してはいけないことは何ですか。

M：えー、みなさまよくいらっしゃいました。これからこのキャンプで気をつけてほしいことをお話しいたします。ここには、ほかのお客さんもいらっしゃいますので、夜、さわがないようにしてください。危ないですから、花火は広場以外のところではしないでください。それから、ごみですが、ごみはちゃんと分けて捨ててください。明日の朝、そうじはみんなでしてほしいので、よろしくお願いします。

このキャンプ場で、してはいけないことは何ですか。

3 4 🔊57

旅館で女の人が男の人と話しています。女の人はこのあと何をしますか。

> F：お客さま、ただいまお部屋のじゅんびをしておりますので、こちらでお待ちください。
>
> M：はい。
>
> F：何かお飲みになりますか。
>
> M：じゃあ、コーヒーをお願いします。
>
> F：雑誌か新聞をお読みになりますか。
>
> M：あっ、スポーツ新聞、ありますか。
>
> F：はい、すぐお持ちします。

女の人はこのあと何をしますか。

2

2 🔊58

> M：では、また来週うかがいます。
>
> F：1 はい、お待たせしました。
>
> 　　2 はい、お待ちしています。
>
> 　　3 はい、お待ちください。

模擬試験
정답・스크립트

言語知識（文字・語彙）

もんだい1 ▶問題p.172

1	**2**
2	**2**
3	**3**
4	**4**
5	**2**
6	**3**
7	**3**
8	**3**
9	**2**

もんだい2 ▶問題p.173

10	**4**
11	**2**
12	**1**
13	**2**
14	**3**
15	**1**

もんだい3 ▶問題p.174

16	**2**
17	**1**
18	**3**
19	**2**
20	**3**
21	**4**
22	**1**
23	**2**
24	**2**

もんだい4 ▶問題p.175

25	**4**

26 **3**	
27 **1**	
28 **3**	
29 **4**	

もんだい5 ▶問題p.176

30 **4**
31 **2**
32 **1**
33 **3**
34 **1**

言語知識（文法）・読解

もんだい1 ▶問題p.178

1 **1**
2 **4**
3 **4**
4 **3**
5 **1**
6 **4**
7 **4**
8 **2**
9 **1**
10 **2**
11 **2**
12 **1**
13 **2**
14 **2**
15 **2**

もんだい2 ▶問題p.180

16 **4** （1→3→**4**→2）
17 **3** （4→2→**3**→1）
18 **1** （2→4→**1**→3）
19 **2** （4→3→**2**→1）
20 **3** （2→4→**3**→1）

もんだい3 ▶問題p.181

21 **1**
22 **2**
23 **4**
24 **3**
25 **4**

もんだい4 ▶問題p.182

26 **2**
27 **3**
28 **2**
29 **4**

もんだい5 ▶問題p.186

30 **1**
31 **3**
32 **4**
33 **3**

もんだい6 ▶問題p.188

34 **4**
35 **3**

聴解

もんだい1 ▶問題p.192

1 **2** 🔊60

男の人と女の人がさよならパーティーの話をしています。男の人はパーティーのとき何をしますか。

M：もうすぐさよならパーティーだけど、学校のとなりのレストラン、よやくした？
F：ううん。今年は教室でしましょうよ。料理はスーパーで買って…。
M：え？　スーパーの料理？　あまりおいしくないよ。
F：そうね。じゃ、自分たちで作りましょう。
M：ぼく、料理、できないよ。
F：じゃ、タンさんは、飲み物、お願いね。

M：うん、わかった。

男の人はパーティーのとき何をしますか。

2　3　🔊61

男の人と女の人が銀行で話しています。男の人はこのあとすぐ、何をしなければなりませんか。

M：すみません。銀行のカードを作りたいんですが。

F：はい。では、この番号の紙を持ってお待ちください。

M：はい。16番ですね。

F：ええ。ご自分の番号が呼ばれましたら、受付までどうぞ。あ、その前に、まず、こちらにお名前をお願いします。

M：はい。わかりました。

男の人はこのあとすぐ、何をしなければなりませんか。

3　1　🔊62

女の人が店の人と話しています。女の人はどのくつを買いますか。

M：いらっしゃいませ。

F：山登りのくつがほしいんですが…。

M：こちらはいかがですか。

F：わあ、この鳥の絵、かわいい。

M：ええ、今、人気があるんですよ。どうぞ。

F：サイズはちょうどいいんだけど、この鳥ので、黒いの、ありませんか。

M：すみません。星がついているのなら、黒いのもあるんですが…。

F：そうですか。じゃあ、これでいいです。

女の人はどのくつを買いますか。

4　1　🔊63

男の人と女の人が話しています。女の人はどうしますか。

M：これはどう？　夕方5時から8時まで、

小学生に英語を教えるアルバイト。

F：どれどれ？　夕方5時からだったら、学校が終わってからすぐ行けば間に合うね。それに小学生の英語ならそんなに難しくないし。

M：「アルバイトをしたい人は、この電話番号にれんらくしてください。かんたんな英語の試験があります」って書いてあるよ。

F：じゃ、電話してみよう。場所は？

M：駅前のさくらビルの5階…知ってる？

F：ううん。まずは見てこようかな。よさそうだったら電話しよう。

女の人はどうしますか。

5　1　🔊64

男の人と女の人が話しています。男の人が気をつけなければならないことは何ですか。

M：水は1日に何回やればいいですか。

F：今は毎日やらなくてもいいんですよ。1週間に1回でいいんです。この木は、やりすぎるといけないんです。でも、暑くなってきたら3日に1回ぐらいやってください。

M：毎日じゃなくて、いいんですね。わかりました。

男の人が気をつけなければならないことは何ですか。

6　3　🔊65

女の人と男の人が映画館の前で話しています。2人はどの席のチケットを買いますか。

F：ねえ、どこにする？　もうあんまり空いてないね。

M：一番前じゃ、目が疲れるよね。

F：じゃあ、ここは？

M：ぼく、背が高いから、真ん中だと後ろの人が見えないと思うんだよね。

F：じゃあ、ここ？　私はもうちょっと前がいいな。ここは？

M：いいよ。後ろに人がいても真ん中じゃなければ大丈夫。

F：じゃ、ここにしよう。

2人はどの席のチケットを買いますか。

---

7 3 🔊66

女の人と男の人が話しています。男の人は今日、何をしますか。

F：佐々木さん、大阪支店の機械のトラブルです。すぐに大阪へ行ってください。

M：え？　明日の会議はどうしますか。

F：あ、そうですね。じゃ、明日、会議が終わってから、お願いします。飛行機のチケットは今日よやくしておいてください。

M：わかりました。すみません、明日の会議のデータ、チェックしていただけますか。

F：あ、これですね。わかりました。

男の人は今日、何をしますか。

---

8 1 🔊67

ホテルの受付で男の人が女の人と話しています。女の人はこのあとどうしますか。

M：すみません。山田です。この荷物、お願いします。

F：山田さまですね。では、こちらにお名前とご住所などをお願いします。

M：すみません、すぐ出かけますから、チェックインはあとで…。この荷物だけ、お願いします。

F：はい。わかりました。いってらっしゃいませ。

女の人はこのあとどうしますか。

もんだい2 ▶問題 p.195

1 4 🔊68

先生が学生に見学の説明をしています。先生がいちばん言いたいことは何ですか。

F：明日はグループで見学に行きます。この間グループで決めたところへ行って、お話を聞いたり、写真を撮ったり、教室でできないことができますね。先生はいっしょに行きませんから、みなさん、絶対に一人になってはいけません。いつもかならずグループの友だちといっしょに見学してください。これは忘れないで守ってくださいね。

先生がいちばん言いたいことは何ですか。

---

2 3 🔊69

女の人と男の人が話しています。女の人はどうしてダンスを習っていますか。

F：ダンス習ってるんだ。

M：え、ダンス？　おどるの好きなんだ。

F：そうでもないんだけどね。

M：じゃ、ダイエット？

F：ちがうわよ。今度、学校の授業で、教えなければならないのよ。

M：え？　教えるの？　中学校の先生も大変だね、いろいろ。

F：ほんと。ストレス多いわー。

女の人はどうしてダンスを習っていますか。

---

3 3 🔊70

男の人と女の人が話しています。女の人は、どうしてこの店で野菜を買いませんか。

M：あれ、野菜は買わないの？

F：うん。

M：どうして？　高いから？

F：いや、そんなに高くはないと思うよ。新鮮そうだし。

M：この店、サービスも悪くないよね。店員さんも親切だし…。

F：うん。そうなんだけど、父がたくさん送ってくるのよ。しゅみで作ってるから。

M：へえ、いいね。

女の人は、どうしてこの店で野菜を買いませんか。

4 2 🔊71

アニメショーの会場で案内を聞いています。今すぐよやくすれば、何時からのショーが見られますか。

F：みなさま、おはようございます。本日は朝早くから来ていただき、ありがとうございます。ただいまから、アニメショーのご案内をいたします。本日のアニメショーは、10時・11時・13時・14時からの4回、行われます。10時と13時の回はよやくの方でもういっぱいになっておりますが、11時と14時の回はまだ少し、空きがございます。会場でもよやくができますので、ごらんになる方はよやくをお願いいたします。

M1：じゃ、すぐよやくしよう。

M2：うん、そうだね。

今すぐよやくすれば、何時からのショーが見られますか。

5 3 🔊72

男の人と女の人が話しています。女の人は今年どうして国へ帰らないのですか。

M：リンさん今年はいつ国へ帰るの？

F：今年は帰りません。

M：そう。仕事が忙しいから？

F：いいえ、今年は国から友だちが来るので、いっしょに旅行しようと思っているんです。

M：そう。ご両親はリンさんに会いたいでしょうね。

F：それは…また来年。

女の人は今年どうして国へ帰らないのですか。

6 4 🔊73

女の人と男の人が話しています。男の人は、どんなときお弁当を作りますか。

F：そのお弁当、自分で作ったんですか。おいしそう。

M：そう？

F：毎日？

M：いや、毎日はできないけど、外で食べるのは高いからね。

F：朝作るの？

M：うん。でもだいたい前の日の晩ご飯で残ったものを入れるだけだから、そんなに時間はかからないよ。

F：ふーん。晩ご飯も自分で作るんだ。

M：だから、前の日に外で食べたら、お弁当も作らないんだ。

F：そうなんだ。

男の人は、どんなときお弁当を作りますか。

7 3 🔊74

女の人と男の人が話しています。男の人はどうしてたまごを食べませんか。

F：えんりょしないで食べてね。あれ？　たまごきらい？

M：好きだよ…。

F：おなかいっぱい？

M：いや、そうじゃないけど。先週から体の調子が悪くて病院に行ったんだ。

F：それで？

M：病院で「たまごはあまり食べないで」って言われて、だから…。

F：そうなの。知らなかったから…。

M：大丈夫だよ。こっちの野菜料理、いっぱい食べるよ。

男の人はどうしてたまごを食べませんか。

もんだい3 ▶問題p.197

1 3 🔊75

お客さんが帰ります。何と言いますか。

F：1　お帰りなさい。
　　2　いってらっしゃい。
　　3　また、来てくださいね。

3 はい、わかりました。

2 **2** 🔊76

同じ会社の人が忙しそうです。何と言いますか。

M：1 忙しくてすみません。
　　2 何か手伝いましょうか。
　　3 とても急ぎましたよ。

3 **3** 🔊77

友だちのお見舞いに行きました。友だちに何と言いますか。

F：1 これ、大事ですね。
　　2 病気かもしれないね。
　　3 早くよくなるといいね。

4 **2** 🔊78

電話でレストランのよやくをしたいです。何と言いますか。

M：1 よやくしたらいいですよ。
　　2 よやくしたいんですが…。
　　3 よやくしていただけますか。

5 **3** 🔊79

友だちが持っている写真を見たいです。何と言いますか。

M：1 その写真、見せてあげる？
　　2 その写真、見せてもらう？
　　3 その写真、見せてくれる？

もんだい4　▶問題 p.199

1 **3** 🔊80

F：おかし、召し上がりませんか。
M：1 はい、召し上がります。
　　2 はい、食べたんです。
　　3 はい、いただきます。

2 **3** 🔊81

M：駅に着いたら電話してくださいね。
F：1 はい、しなくてもいいですよ。
　　2 はい、電話して。

3 **1** 🔊82

F：ごめん、ちょっとそれ取ってくれる？
M：1 これ？
　　2 ありがとう。
　　3 うん、取ってくれる。

4 **1** 🔊83

M：かさ、持っていったほうがいいよ。
F：1 うん、そうするよ。
　　2 うん、かさのほうがいいね。
　　3 うん、持っていってよ。

5 **1** 🔊84

F：すみません。ちょっとよろしいでしょうか。
M：1 はい、何ですか。
　　2 はい、いつですか。
　　3 はい、いいですね。

6 **2** 🔊85

M：はい、どうぞお入りください。
F：1 お入りします。
　　2 失礼します。
　　3 失礼しました。

7 **3** 🔊86

M：元気になってよかったですね。
F：1 それはよかったですね。
　　2 お大事に。
　　3 おかげさまで。

8 **2** 🔊87

M：佐藤さん、新しい生活はどう？
F：1 はい、生活です。
　　2 ええ、とても楽しいです。
　　3 いいえ、新しくないです。

にほんごのうりょくしけん かいとうようし

N4
げんごちしき(もじ・ごい)

じゅけんばんごう
Examinee Registration
Number

なまえ
Name

〈ちゅうい Notes〉
1. くろい えんぴつ (HB、No.2) でかいて ください。
   (ペンや ボールペンでは かかないで ください。)
   Use a black, medium soft (HB or No.2) pencil.
   (Do not use any kind of pen.)
2. かきなおす ときは、けしゴムで きれいに けして
   ください。
   Erase any unintended marks completely.
3. きたなく したり、おったり しないで ください。
   Do not soil or bend this sheet.
4. マークれい Marking examples

よい れい Correct Example	わるい れい Incorrect Example
●	⊗ ◯ ⊘ ◖ ⊖ ◑ ⦵

もんだい 1

	1	2	3	4
1	①	②	③	④
2	①	②	③	④
3	①	②	③	④
4	①	②	③	④
5	①	②	③	④
6	①	②	③	④
7	①	②	③	④
8	①	②	③	④
9	①	②	③	④

もんだい 2

	1	2	3	4
10	①	②	③	④
11	①	②	③	④
12	①	②	③	④
13	①	②	③	④
14	①	②	③	④
15	①	②	③	④

もんだい 3

	1	2	3	4
16	①	②	③	④
17	①	②	③	④
18	①	②	③	④
19	①	②	③	④
20	①	②	③	④
21	①	②	③	④
22	①	②	③	④
23	①	②	③	④
24	①	②	③	④

もんだい 4

	1	2	3	4
25	①	②	③	④
26	①	②	③	④
27	①	②	③	④
28	①	②	③	④
29	①	②	③	④

もんだい 5

	1	2	3	4
30	①	②	③	④
31	①	②	③	④
32	①	②	③	④
33	①	②	③	④
34	①	②	③	④

にほんごのうりょくしけん かいとうようし

N4
げんごちしき（ぶんぽう）・どっかい

じゅけんばんごう
Examinee Registration
Number

なまえ
Name

もんだい 1

1	①	②	③	④
2	①	②	③	④
3	①	②	③	④
4	①	②	③	④
5	①	②	③	④
6	①	②	③	④
7	①	②	③	④
8	①	②	③	④
9	①	②	③	④
10	①	②	③	④
11	①	②	③	④
12	①	②	③	④
13	①	②	③	④
14	①	②	③	④
15	①	②	③	④

もんだい 2

16	①	②	③	④
17	①	②	③	④
18	①	②	③	④
19	①	②	③	④
20	①	②	③	④

もんだい 3

21	①	②	③	④
22	①	②	③	④
23	①	②	③	④
24	①	②	③	④
25	①	②	③	④

もんだい 4

26	①	②	③	④
27	①	②	③	④
28	①	②	③	④
29	①	②	③	④

もんだい 5

30	①	②	③	④
31	①	②	③	④
32	①	②	③	④
33	①	②	③	④

もんだい 6

34	①	②	③	④
35	①	②	③	④

にほんごのうりょくしけん かいとうようし

N4
ちょうかい

（ちゅうい Notes)
1. くろいえんぴつ (HB、No.2) で かいて ください。
（ペンや ボールペンでは かかないで ください。)
Use a black, medium soft (HB or No.2) pencil.
(Do not use any kind of pen.)
2. かきなおす ときは、けしゴムで きれいに けして
ください。
Erase any unintended marks completely.
3. きたなく したり、おったり しないで ください。
Do not soil or bend this sheet.
4. マークれい Marking examples

よい れい Correct Example	わるい れい Incorrect Example
●	⊗ ◇ ○ ◑ ⊖ ◐ ○ ◖

もんだい 1

1	①	②	③	④
2	①	②	③	④
3	①	②	③	④
4	①	②	③	④
5	①	②	③	④
6	①	②	③	④
7	①	②	③	④
8	①	②	③	④

もんだい 2

1	①	②	③	④
2	①	②	③	④
3	①	②	③	④
4	①	②	③	④
5	①	②	③	④
6	①	②	③	④
7	①	②	③	④

もんだい 3

1	①	②	③
2	①	②	③
3	①	②	③
4	①	②	③
5	①	②	③

もんだい 4

1	①	②	③
2	①	②	③
3	①	②	③
4	①	②	③
5	①	②	③
6	①	②	③
7	①	②	③
8	①	②	③

[저자 소개]

ＡＢＫ (公益財団法人 アジア学生文化協会)
エービーケー

ABK(공익재단법인 아시아학생문화협회)는 1957년 설립된 문화 교류 증진을 위한 공공 재단이며, 일본어 학교와 유학생 기숙사를 운영하고 있습니다. 아시아 학생들과 일본 청소년들의 공동체 생활을 통해 인류 화합 및 과학, 기술, 문화, 경제적 교류를 도모하며 아시아 친선과 세계 평화에 공헌하는 것을 목표로 하고 있습니다.

본교에서는 대학ㆍ대학원 진학, 전문학교 진학, 취업 등 학생이 나아가고자 하는 방향에 맞춰 일본어능력시험 혹은 일본유학시험에 대비할 수 있도록 하며, 실력 향상과 강화를 목표로 일본어 교육을 진행하고 있습니다.

집필자는 전원 ABK에서 일본어 교육에 종사하고 있는 교사입니다. 자매단체로 학교법인 ABK 학관 일본어 학교(ABK COLLEGE)도 있습니다.

감 수 : 町田恵子

집필자 : 津村知美・内田奈実・橋本由子

협력자 : 新井直子・遠藤千鶴・大野純子・掛谷知子・勝尾秀和・亀山稔史・國府卓二・
新穂由美子・成川しのぶ・萩本攝子・服部まさ江・福田真紀・藤田百子・
星野陽子・向井あけみ・森川尚子・森下明子・吉田菜穂子

번 역 : Academic Japanese 연구소

改訂版　TRY!日本語能力試験N4　文法から伸ばす日本語 ⓒ ABK 2014
Originally Published in Japan by ASK Publishing Co., Ltd., Tokyo

TRY! JLPT 일본어능력시험
N4

초판 1쇄 발행 2022년 1월 18일

지은이 ABK(公益財団法人 アジア学生文化協会)
펴낸곳 (주)에스제이더블유인터내셔널
펴낸이 양홍걸 이시원

홈페이지 www.siwonschool.com
주소 서울시 영등포구 영신로 166 시원스쿨
교재 구입 문의 02)2014-8151
고객센터 02)6409-0878

ISBN 979-11-6150-577-0
Number 1-311314-18111800-02